Techniques de repérage des sources documentaires du droit

Pierre-Claude Lafond

*Professeur au Département
des sciences juridiques
de l'Université du Québec à Montréal*

Techniques de repérage des sources documentaires du droit

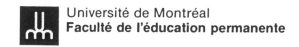

Université de Montréal
Faculté de l'éducation permanente

LES ÉDITIONS
YVON BLAIS INC.

**C.P. 180 Cowansville (Québec) Canada
Tél.: (514) 266-1086 FAX: (514) 263-9256**

Données de catalogage avant publication (Canada)

Lafond, Pierre-Claude, 1955-

    Techniques de repérage des sources documentaires du droit

    Comprend des réf. bibliogr. et un index.

    ISBN 2-89451-034-9

    1. Droit – Recherche documentaire – Canada. 2. Droit – Recherche documentaire – Québec (Province). 3. Droit – Bibliothèques – Guides, manuels, etc. I. Titre.

KE250.L33 1995   340'.072071   C95-941221-2

Dépôt légal: 3e trimestre 1995
Bibliothèque nationale du Québec
Bibliothèque nationale du Canada

ISBN: 2-89451-034-9

« Donne un poisson à quelqu'un;
il mangera une journée.
Montre-lui à pêcher;
il mangera toute sa vie. »

Proverbe chinois

AVANT-PROPOS

Le présent guide constitue un outil d'accompagement dans une bibliothèque juridique. Il vise à favoriser une compréhension générale de la démarche et des instruments documentaires, de façon concomitante avec l'apprentissage des techniques de repérage des sources du droit dans une bibliothèque ou dans un centre de documentation. Par sa présentation schématisée, il cherche à initier, de la manière la plus simple possible, toute personne à la recherche juridique et à démystifier les diverses techniques qui en découlent.

Grâce à ce document, et surtout aux irremplaçables heures d'effort personnel dans la bibliothèque, l'utilisateur, l'utilisatrice sera capable:

- de *repérer* une loi, d'en *trouver* la date d'entrée en vigueur et de la *mettre à jour* ;

- de *repérer* un règlement, d'en *trouver* la date d'entrée en vigueur et de le *mettre à jour* ;

- de *repérer* de la jurisprudence, de *vérifier* si un jugement a été porté en appel et avec quel résultat, et de *repérer* de la jurisprudence citée;

- de *repérer* de la doctrine juridique, sous forme de monographies et d'articles de périodique.

La recherche assistée par ordinateur (R.A.O.) n'est pas abordée dans cette première édition. La complexité de la tâche commande un ouvrage spécifique à elle seule. Plutôt que d'effleurer le sujet ou de le traiter de manière trop superficielle, nous avons opté de miser sur le développement des habiletés intellectuelles et manuelles requises par la méthode classique, préalables indispensables à l'apprentissage de toute autre méthode de recherche.

Avant d'utiliser ce guide pratique, et dans le but d'en retirer tout le profit espéré, il est préférable d'avoir accompli les étapes suivantes:

1. Avoir suivi ou être en train de suivre un cours de méthodologie du droit portant notamment sur les techniques de repérage des sources documentaires du droit québécois et fédéral.

2. Avoir une bonne connaissance de même qu'une bonne compréhension des sources documentaires du droit québécois et fédéral.

3. Être familier, familière avec le fonctionnement d'une bibliothèque et faire preuve d'une capacité de se tirer d'affaire dans l'organisation et les formes de présentation de la documentation en général.

Aucune oeuvre n'étant parfaite, nous invitons les utilisateurs et les utilisatrices à nous signaler les erreurs ou les imprécisions qui ont pu malheureusement se glisser au cours de la rédaction ou de l'édition du présent manuel. Nous recevrons également avec plaisir tout commentaire visant à l'améliorer.

Nous tenons à remercier la Faculté de l'éducation permanente de l'Université de Montréal, envers laquelle nous nous reconnaissons une dette d'honneur, pour avoir généreusement accepté de financer ce projet, conjointement avec le Comité de perfectionnement de l'Université, mais surtout pour nous avoir donné l'occasion, il y a plusieurs années déjà, d'amorcer un enseignement systématique de la méthodologie du droit et de développer des instruments didactiques utiles à la clientèle étudiante. Le présent guide constitue l'aboutissement de ces années d'expérimentation, auxquelles s'ajoute le savoir-faire que nous avons développé et que nous poursuivons avec bonheur au Département des sciences juridiques de l'Université du Québec à Montréal.

Nos remerciements s'adressent également à monsieur Gilles Brissette, dont la patience inestimable est venue à bout de la présentation matérielle des tableaux sur support informatique. Notre gratitude s'exprime enfin à l'égard de Maître Gisèle Laprise et de madame Brigitte Butticaz, respectivement chargée de cours à l'Université de Montréal et bibliothécaire à la bibliothèque de droit de cette même institution, pour avoir révisé le manuscrit et pour leurs commentaires hautement judicieux.

Notre voeu le plus cher demeure que ce manuel contribue à donner à l'enseignement méthodologique des sources documentaires du droit ses lettres de noblesse, et fasse prendre conscience aux utilisateurs et utilisatrices de l'importance capitale de la recherche dans la formation juridique et dans l'exercice de la profession. Puisse-t-il épargner à quiconque de nombreuses heures de recherche désorientée en bibliothèque!

La mise à jour est assurée au 1er juin 1995.

LÉGENDE D'INFORMATION

Dans les tableaux:

– Les cases à l'extrême gauche, formées d'un cercle contenu dans un double carré, indiquent le point de départ de la démarche proposée et le choix qui s'offre entre plusieurs avenues de recherche (ex.: loi d'intérêt public; loi d'intérêt privé).

– Chaque capsule d'information se compose généralement d'un rectangle et d'une partie aux coins inférieurs arrondis.

  • Le rectangle contient le titre de l'**instrument de repérage** qu'il est conseillé de consulter.

  • La section aux coins arrondis comprend le titre du **document dans lequel est publié le texte recherché** (loi, règlement, jugement, doctrine).

Cette forme de présentation visuelle a pour but de rappeler la distinction fondamentale qui existe entre les instruments de repérage et les sources documentaires et de tenter d'écarter la confusion souvent entretenue entre les deux.

– Les flèches indiquent l'ordre des étapes à suivre. La direction vers la droite implique une progression dans le temps vers aujourd'hui.

Dans le texte:

– Les informations présentées en **plus gros caractères gras souligné** font état de la structure du texte, c'est-à-dire des divisions des techniques de repérage et des diverses avenues de recheche qui sont proposées. Dans les tableaux, elles correspondent aux cercles dans un double carré.

– Les informations apparaissant en caractères **gras** indiquent **les directives et l'ordre des étapes à suivre** (ex.: **débutez, continuez, terminez**).

– Les informations en caractères MAJUSCULES sont réservées au TITRE DES INSTRUMENTS DE REPÉRAGE ou des SOURCES DOCUMENTAIRES à consulter.

– Les informations reproduites en caractères *ITALIQUES* sont réservées au *TITRE DE LA SECTION* du document à consulter.

– Les encadrés qui précèdent ou qui suivent certaines étapes constituent des cases d'information relatives au document dont il est précisément fait mention dans l'énoncé de la technique. Ils ont pour objet de présenter l'instrument de repérage qu'il est conseillé de consulter. Ces cases renferment aussi parfois des remarques d'ordre terminologique ou qui viennent préciser l'usage d'un instrument. Il importe de les lire attentivement.

TABLE DES MATIÈRES

PROFIL GÉNÉRAL DE RECHERCHE

PROFIL GÉNÉRAL DE RECHERCHE

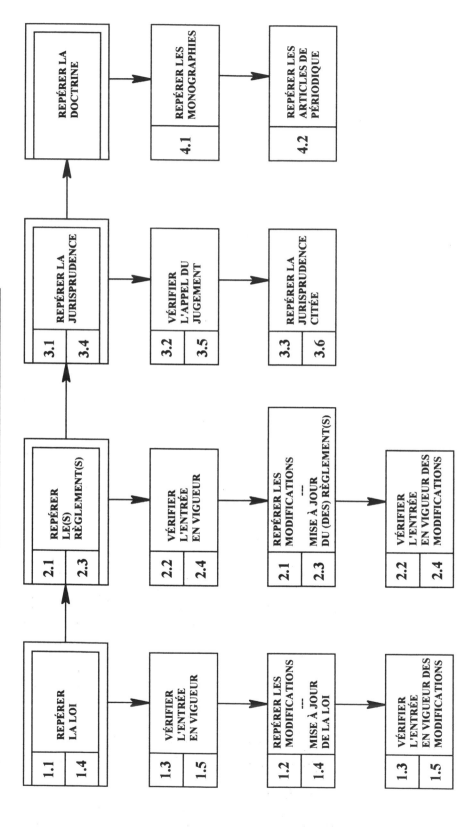

MODULE 1

LA LOI

1

**PROFIL GÉNÉRAL DE RECHERCHE
D'UNE LOI**

IDENTIFIER LA LOI RECHERCHÉE

1.0 **PROFIL GÉNÉRAL DE RECHERCHE D'UNE LOI**
IDENTIFIER LA LOI RECHERCHÉE

```
                              ┌──────────┐
                              │   LOI    │
                              └────┬─────┘
              ┌────────────────────┴────────────────────┐
        ┌──────────┐                              ┌──────────┐
        │QUÉBÉCOISE│                              │ FÉDÉRALE │
        └────┬─────┘                              └────┬─────┘
       ┌─────┴─────┐                             ┌─────┴─────┐
┌──────────┐ ┌──────────┐              ┌──────────┐ ┌──────────┐
│D'INTÉRÊT │ │D'INTÉRÊT │              │D'INTÉRÊT │ │D'INTÉRÊT │
│ PUBLIC   │ │ PRIVÉ    │              │ PUBLIC   │ │ PRIVÉ    │
└──────────┘ └──────────┘              └──────────┘ └──────────┘
```

TECHNIQUE DE REPÉRAGE 1.1

TROUVER UNE LOI QUÉBÉCOISE

1.1 TECHNIQUE DE REPÉRAGE D'UNE LOI QUÉBÉCOISE

TROUVER UNE LOI QUÉBÉCOISE

```
┌──────────────┐
│ LOI          │
│ D'INTÉRÊT    │
│ PUBLIC       │
└──────────────┘
      │
      ▼
┌──────────────┐
│ L.R.Q.       │
│ v. 19        │
│──────────────│
│ SECTION :    │
│ Liste des    │
│ lois...      │
│──────────────│
│ L.R.Q.       │
│ ch. corr.    │
└──────────────┘
      │
      ▼
┌──────────────┐
│ L.Q.         │
│ LE PLUS      │
│ RÉCENT       │
│──────────────│
│ SECTION :    │
│ Index        │
│──────────────│
│ L.Q.         │
│ ch. corr.    │
└──────────────┘
      │
      ▼
┌──────────────┐
│ G.O. II      │
│ INDEX        │
│ ANNUEL       │
│ POSTÉRIEUR   │
│──────────────│
│ SECTION :    │
│ Règlements-  │
│ lois         │
│──────────────│
│ G.O. II      │
│ p. corr.     │
└──────────────┘
      │
      ▼
┌──────────────┐
│ G.O. II      │
│ INDEX        │
│ TRIMESTRIEL  │
│──────────────│
│ SECTION :    │
│ Règlements-  │
│ lois         │
│──────────────│
│ G.O. II      │
│ p. corr.     │
└──────────────┘
      │
      ▼
┌──────────────┐
│ G.O. II      │
│ FASCICULES   │
│ POSTÉRIEURS  │
│──────────────│
│ SECTION :    │
│ Index        │
│──────────────│
│ G.O. II      │
│ p. corr.     │
└──────────────┘
      │
      ▼
┌──────────────┐
│ FASCICULES   │
│ P.L.         │
│ OU           │
│ RAPPORT SUR  │
│ L'ÉTAT DES   │
│ P.L.         │
│──────────────│
│ SECTION :    │
│ Index des    │
│ projets de   │
│ loi publics *│
│──────────────│
│ P.L.         │
└──────────────┘
```

```
┌──────────────┐
│ LOI          │
│ D'INTÉRÊT    │
│ PRIVÉ        │
└──────────────┘
      │
      ▼
┌──────────────┐
│ 1867-1989    │
│──────────────│
│ INDEX DES    │
│ LOIS À       │
│ CARACTÈRE    │
│ PRIVÉ DU     │
│ QUÉBEC       │
│──────────────│
│ S.Q. ou L.Q. │
│ ch. corr.    │
└──────────────┘
      │
      ▼
┌──────────────┐
│ L.Q.         │
│ CHAQUE ANNÉE │
│ POSTÉRIEURE  │
│──────────────│
│ SECTION :    │
│ Index        │
│──────────────│
│ L.Q.         │
│ ch. corr.    │
└──────────────┘
```

1.1   TECHNIQUE DE REPÉRAGE D'UNE LOI QUÉBÉCOISE

_____

TROUVER UNE LOI QUÉBÉCOISE

Prérequis: Avoir déterminé si la loi recherchée est québécoise ou fédérale
– Voir Tableau 1.0

1.1.1   Trouver une loi d'intérêt public

Prérequis: Avoir déterminé si la loi recherchée est d'intérêt public ou d'intérêt privé
– Voir Tableau 1.0

Remarque préliminaire: La loi recherchée peut être soit:

– comprise dans la refonte permanente des lois;

– postérieure à la refonte permanente des lois;

– à l'état de projet de loi seulement.

En l'absence d'information précise sur le type de loi recherchée, **vérifiez d'abord** la validité de la première hypothèse, i.e. si la loi est comprise dans la refonte des lois.

– Loi comprise dans la refonte permanente des lois:

Présentation:

La refonte d'une loi est une opération de publication d'un texte de loi mis à jour à une date donnée. À partir d'une loi initiale, il est procédé à l'intégration matérielle des modifications, des ajouts et des abrogations que ses articles ont subis avec les années. Véritable «assemblage» des pièces d'une loi à une date déterminée, cette opération procède d'un travail administratif accompli par la Commission de refonte des lois et règlements et ne résulte d'aucune intervention du législateur. C'est pour rendre la consultation des lois québécoises plus facile que le gouvernement a procédé à leur refonte en 1977. La refonte des lois permet donc une économie de temps, d'énergie et d'argent.

L'avant-dernière refonte remontait à 1964 (S.R.Q. 1964).

La refonte de 1977 a la particularité d'être permanente, i.e. que depuis 1977 les lois québécoises sont mises à jour au moins une fois par année. Habituellement, la Commission procède à une mise à jour le 1er mars et le 1er septembre de chaque année. Au jour de l'édition de ce guide, la dernière mise à jour était en date du 1er septembre 1994.

On trouve donc deux éditions des Lois refondues du Québec:

- l'édition reliée de 1977, à jour au 31 décembre 1977
- l'édition permanente, sur feuilles mobiles, à jour au 1er septembre 1994.

Pour de plus amples informations, il est suggéré de lire la *Loi sur la refonte des lois et règlements*, L.R.Q., c. R-3, ou le texte de présentation des Lois refondues du Québec qu'on trouve dans le volume 18 des L.R.Q., à la page 11(28).

Contenu:

Les Lois refondues du Québec ne contiennent pas toutes les lois québécoises. Ne sont refondues que les lois **d'intérêt public** qui sont **générales, permanentes** et **en vigueur** (même partiellement).

Sont donc exclues:

- les lois d'intérêt privé
- les lois budgétaires
- les lois temporaires
- les lois spéciales
- les lois qui n'étaient pas en vigueur à la date de la refonte ou de la mise à jour
- les lois transitoires.

Classification:

Le classement des Lois refondues du Québec est fait suivant un ordre alphanumérique qui en simplifie le repérage. Tant la lettre du chapitre que le numéro sont déterminés en fonction du premier substantif contenu dans le titre de la loi. Par exemple, la référence de la *Loi sur les tribunaux judiciaires* étant: L.R.Q., c. T-16, on trouve cette loi au chapitre 16 du volume correspondant qui contient les lois dont le titre commence par la lettre «T». En l'espèce, le substantif «tribunaux» détermine le classement de la loi à la lettre «T» et établit l'ordre de celle-ci dans le volume.

1o **Consultez d'abord:**

En l'absence d'un index analytique des L.R.Q.:

Les LOIS REFONDUES DU QUÉBEC, édition sur feuilles mobiles, au volume 19 (Documentation)

- À la section
  LISTE DES MINISTÈRES OU SECTEURS D'ACTIVITÉ PAR LOIS
  ou
  LISTE DES LOIS PAR MINISTÈRES OU SECTEURS D'ACTIVITÉ

2o **Trouvez ensuite la loi repérée dans:**

Les LOIS REFONDUES DU QUÉBEC, édition sur feuilles mobiles, au chapitre correspondant

L.R.Q.
v. 19

SECTION :
Liste des lois...

L.R.Q.
ch. corr.

– <u>Loi postérieure à la refonte permanente des lois:</u>

Si la loi cherchée est plus récente, i.e. qu'elle a été adoptée après la date de la dernière mise à jour des LOIS REFONDUES DU QUÉBEC ou qu'elle n'était pas encore entrée en vigueur à cette date:

3o **Consultez alors:**

Le Recueil annuel des LOIS DU QUÉBEC le plus récent

- À la section
  INDEX (classification alphabétique)

4o **Trouvez ensuite la loi repérée dans:**

Le Recueil annuel des LOIS DU QUÉBEC consulté, au chapitre correspondant

L.Q.
LE PLUS RÉCENT

SECTION :
Index

L.Q.
ch. corr.

Pour trouver une loi encore plus récente:

G.O. II
INDEX
ANNUEL
POSTÉRIEUR

SECTION :
Règlements-lois

G.O. II
p. corr.

5o   **Consultez, s'il y a lieu:**

L'Index cumulatif annuel postérieur de la GAZETTE OFFICIELLE DU QUÉBEC, PARTIE 2

- À la section
RÈGLEMENTS-LOIS

Remarque:

Cette section porte le titre officiel d'*INDEX DES TEXTES RÉGLEMENTAIRES*, avec comme sous-titre *RÈGLEMENTS-LOIS,* mais comprend à la fois des références aux lois et aux règlements. Pour des raisons de commodité, nous l'appellerons simplement *INDEX* ou *RÈGLEMENTS-LOIS*.

La GAZETTE OFFICIELLE DU QUÉBEC comprend 2 parties:

- Partie 1: Avis juridiques (ex.: changement de nom, dissolution de personne morale)
- Partie 2: Lois, règlements et projets de règlement.

Chacune des parties est publiée séparément et paraît chaque semaine.

La Partie 2 de la Gazette est complétée par deux types d'index, soit:

- des index trimestriels cumulatifs   (janvier-mars;
                                                              janvier-juin;
                                                              janvier-sept.)

- un index annuel cumulatif (janvier-décembre)

G.O. II
INDEX
TRIMESTRIEL

SECTION :
Règlements-lois

G.O. II
p. corr.

6o   **Continuez avec:**

L'Index trimestriel le plus récent de la GAZETTE OFFICIELLE DU QUÉBEC, PARTIE 2

- À la section
RÈGLEMENTS-LOIS

```
┌─────────────────────┐
│  G.O. II            │
│  FASCICULES         │
│  POSTÉRIEURS        │
│                     │
│  SECTION :          │
│  Index              │
├─────────────────────┤
│       G.O. II       │
│       p. corr.      │
└─────────────────────┘
```

7º **Terminez avec:**

La consultation de chacun des fascicules postérieurs de la GAZETTE OFFI-CIELLE DU QUÉBEC, PARTIE 2

- À la section
  INDEX

8º **Trouvez ensuite la loi repérée dans:**

La GAZETTE OFFICIELLE DU QUÉBEC, PARTIE 2, à la page correspondante

– <u>Projet de loi:</u>

Si vous cherchez une loi encore plus récente qui n'aurait pas été publiée dans la GAZETTE OFFICIELLE DU QUÉBEC ou dont le processus d'adoption ne serait rendu qu'à l'étape d'un projet de loi:

Consultez:

```
┌─────────────────────┐
│ FASCICULES P.L.     │
├─────────────────────┤
│        OU           │
├─────────────────────┤
│ RAPPORT SUR         │
│ L'ÉTAT DES P.L.     │
│                     │
│ SECTION :           │
│ Index des projets de│
│ loi publics *       │
├─────────────────────┤
│        P.L.         │
└─────────────────────┘
```

Les fascicules des PROJETS DE LOI PRÉSENTÉS À L'ASSEMBLÉE NATIO-NALE (P.L.)
conservés en réserve au comptoir de la bibliothèque

La première page indique à quelle étape est rendu le projet de loi (présentation, adoption du principe, adoption).

On peut aussi consulter:

- Le RAPPORT SUR L'ÉTAT DES PROJETS DE LOI SUIVI D'UN INDEX ALPHABETIQUE du Secrétariat de l'Assemblée nationale

  - À la section
    INDEX DES PROJETS DE LOI PUBLICS

  Cet instrument n'est évidemment utile que pour le repérage d'une loi d'intérêt public.

- Le RÉPERTOIRE LÉGISLATIF DE L'ASSEMBLÉE NATIONALE le plus récent

- Le CANADIAN CURRENT LAW (C.C.L.): LEGISLATION ANNUAL / AN-NUAIRE DE LA LÉGISLATION le plus récent complété par le CANADIAN CURRENT LAW (C.C.L.): LEGISLATION / LÉGISLATION

- À la section
  LOIS PROMULGUÉES, à la rubrique «Québec»
  ou
  PROGRESS OF BILLS / ÉVOLUTION DES PROJETS DE LOI, à la rubrique «Québec»

Le JOURNAL DU BARREAU

- À la section
  EN VRAC

La *TABLE DE CONCORDANCE* du Recueil annuel des LOIS DU QUÉBEC le plus récent ou la consultation du RÉPERTOIRE LÉGISLATIF DE L'ASSEMBLÉE NATIONALE le plus récent peut s'avérer utile pour établir la concordance entre le numéro du projet de loi et celui du chapitre des LOIS DU QUÉBEC.

Les deux numéros apparaissent également sur la première page de la loi, une fois qu'elle est adoptée et publiée sous forme de fascicule, dans la GAZETTE OFFICIELLE, PARTIE II, ou dans le Recueil annuel des LOIS DU QUÉBEC.

1.1.2 Trouver une loi d'intérêt privé

Prérequis: Avoir déterminé s'il s'agit d'une loi d'intérêt public ou d'intérêt privé
– Voir Tableau 1.0

Remarque préliminaire: Les lois d'intérêt privé ne sont pas refondues. Leur processus de publication s'arrête aux recueils annuels des lois. On les trouve publiées dans la partie qui suit les pages jaunes de chacun de ces recueils.

1867-1989
INDEX DES LOIS À CARACTÈRE PRIVÉ DU QUÉBEC
S.Q. ou L.Q. ch. corr.

1° **Jusqu'en 1989, consultez:**

L'INDEX DES LOIS À CARACTÈRE PRIVÉ DU QUÉBEC 1867-1989
aux mots du titre de la loi

2° **Trouvez ensuite la loi repérée dans:**

Le Recueil annuel des STATUTS DU QUÉBEC
ou
le Recueil annuel des LOIS DU QUÉBEC,
au chapitre correspondant

Depuis 1969, dans un effort de francisation, le Recueil annuel porte désormais le titre de LOIS DU QUÉBEC.

Seuls les Recueils annuels antérieurs à 1969 continuent de porter le titre de STATUTS DU QUÉBEC.

L.Q.
CHAQUE ANNÉE POSTÉRIEURE
SECTION : Index
L.Q. ch. corr.

3° **Après 1989, consultez:**

Les Recueils annuels des LOIS DU QUÉBEC postérieurs, année après année

• À la section:
  INDEX (classification alphabétique)
  ou *LISTE DES LOIS*

4° **Trouvez ensuite la loi repérée dans:**

Le Recueil annuel des LOIS DU QUÉBEC, au chapitre correspondant

Pour trouver une loi encore plus récente:

G.O. II
INDEX
ANNUEL
POSTÉRIEUR

SECTION :
Règlements-lois

G.O. II
p. corr.

5º   **Consultez, s'il y a lieu:**

L'Index cumulatif annuel postérieur de la GAZETTE OFFICIELLE DU QUÉBEC, PARTIE 2

- À la section
  RÈGLEMENTS-LOIS

G.O. II
INDEX
TRIMESTRIEL

SECTION :
Règlements-lois

G.O. II
p. corr.

6º   **Continuez avec:**

L'Index trimestriel le plus récent de la GAZETTE OFFICIELLE DU QUÉBEC, PARTIE 2

- À la section
  RÈGLEMENTS-LOIS

G.O. II
FASCICULES
POSTÉRIEURS

SECTION :
Index

G.O. II
p. corr.

7º   **Terminez avec:**

La consultation de chacun des fascicules postérieurs de la GAZETTE OFFICIELLE DU QUÉBEC, PARTIE 2

- À la section
  INDEX

8º   **Trouvez ensuite la loi repérée dans:**

La GAZETTE OFFICIELLE DU QUÉBEC, PARTIE 2, à la page correspondante

– <u>Projet de loi:</u>

Si vous cherchez une loi encore plus récente qui n'aurait pas été publiée dans la GAZETTE OFFICIELLE DU QUÉBEC ou dont le processus d'adoption ne serait rendu qu'à l'étape d'un projet de loi:

Consultez:

Les fascicules des PROJETS DE LOI PRÉSENTÉS À L'ASSEMBLÉE NATIO-NALE (P.L.) conservés en réserve au comptoir de la bibliothèque

La première page indique à quelle étape est rendu le projet de loi (présentation, adoption du principe, adoption, sanction).

FASCICULES P.L.

P.L.

TECHNIQUE DE REPÉRAGE   1.2

METTRE À JOUR UNE LOI QUÉBÉCOISE

METTRE À JOUR UNE LOI QUÉBÉCOISE

LOI D'INTÉRÊT PUBLIC

L.R.Q.
Mise à jour au : _____

OU

L.Q.
(non refondue)

L.R.Q.
v. 19
SECTION :
Tableau des modifications…
L.Q. ch. corr.

L.Q.
LE PLUS RÉCENT
SECTION :
Tableau des modifications
L.Q. ch. corr.

G.O. II
INDEX ANNUEL POSTÉRIEUR
SECTION :
Règlements-lois
G.O. II p. corr.

G.O. II
INDEX TRIMESTRIEL
SECTION :
Règlements-lois
G.O. II p. corr.

G.O. II
FASCICULES POSTÉRIEURS
SECTION :
Index
G.O. II p. corr.

LOI D'INTÉRÊT PRIVÉ

1867-1989
INDEX DES LOIS À CARACTÈRE PRIVÉ DU QUÉBEC
S.Q. ou L.Q. ch. corr.

L.Q.
CHAQUE ANNÉE POSTÉRIEURE
SECTION :
Index
L.Q. ch. corr.

1.2 TECHNIQUE DE REPÉRAGE DES MODIFICATIONS APPORTÉES À UNE LOI QUÉBÉCOISE

METTRE À JOUR UNE LOI QUÉBÉCOISE

Dans tous les cas, il faut se rappeler qu'une loi est modifiée par une autre loi. Les modifications cherchées prennent donc l'allure de lois modificatrices et se repèrent de la même manière qu'une loi initiale. Ainsi en est-il de la *Loi modifiant la Loi sur la protection du consommateur* ou encore de la *Loi sur l'application de la réforme du Code civil*, laquelle modifie un ensemble de lois québécoises.

La mise à jour d'une loi, d'intérêt public ou d'intérêt privé, s'effectue de la même façon, bien qu'avec des instruments parfois différents: il suffit de poursuivre la démarche de repérage d'une loi jusqu'à aujourd'hui. La consultation de certains tableaux et index peut aussi être utile et faire gagner du temps.

Remarque terminologique:

Il importe de distinguer les termes suivants: amendement, modification, abrogation et remplacement.

L'amendement ou la modification est l'acte d'insérer, de retrancher ou d'ajouter un élément dans une disposition d'une loi ou dans la loi elle-même. On utilise le terme **amendement** lorsque cet acte porte sur un projet de loi, et **modification** lorsqu'il s'agit d'une loi adoptée.

L'**abrogation** est la disparition totale d'une disposition d'une loi ou de la loi dans son intégralité. On parle aussi d'abolition ou de révocation.

Le **remplacement** permet d'adopter une nouvelle disposition ou une nouvelle loi en substitution à un ancien article ou à une ancienne loi. L'ancien article ou l'ancienne loi est abrogé et remplacé par un nouveau texte de loi. Il existe une continuité entre le nouveau texte et l'ancien qui permet, bien souvent, de considérer le remplacement comme une simple modification du texte substitué.

Prérequis: Avoir déterminé si la loi repérée est d'intérêt public ou d'intérêt privé
– Voir Tableau 1.0

1.2.1   <u>Mettre à jour une loi d'intérêt public</u>

Remarque préliminaire: La technique varie selon que la loi repérée est:

- refondue (comprise dans les Lois refondues du Québec)

ou

- non refondue

L.R.Q.

Mise à jour au :

_____

– <u>Loi refondue (comprise dans les Lois refondues du Québec):</u>

* Au jour de l'édition de ce guide, la mise à jour était complétée au: <u>1er septembre 1994.</u> Vérifiez aujourd'hui la date de la mise à jour la plus récente.

Pour les modifications postérieures à cette date:

L.R.Q. v. 19

SECTION :
Tableau des modifications...

L.Q.
ch. corr.

1°   **Consultez d'abord:**

Les LOIS REFONDUES DU QUÉBEC, édition sur feuilles mobiles, au volume 19 (Documentation)

- À la section
  TABLEAU DES MODIFICATIONS ENTRÉES EN VIGUEUR
  (pages grises)

Ce Tableau n'indique cependant pas toujours la source de la date d'entrée en vigueur de la modification

2°   **Trouvez ensuite la loi modificatrice repérée dans:**

Le Recueil annuel des LOIS DU QUÉBEC, à l'année et au chapitre correspondants

– <u>Loi non refondue:</u>

1º   **Consultez:**

Le Recueil annuel des LOIS DU QUÉBEC le plus récent

- À la section
  TABLEAU DES MODIFICATIONS APPORTÉES AUX LOIS REFONDUES, 1977 ET AUX AUTRES LOIS PUBLIQUES
  (pages jaunes)

Ce Tableau indique les modifications par article de loi.

2º   **Trouvez ensuite la loi modificatrice repérée dans:**

Le Recueil annuel des LOIS DU QUÉBEC, à l'année et au chapitre correspondants

– <u>Dans les deux cas:</u>

3º   **Continuez avec, s'il y a lieu:**

L'index cumulatif annuel postérieur de la GAZETTE OFFICIELLE DU QUÉBEC, PARTIE 2

- À la section
  RÈGLEMENTS – LOIS

4º   **Poursuivre avec:**

L'index trimestriel le plus récent de la GAZETTE OFFICIELLE DU QUÉBEC, PARTIE 2

- À la section
  RÈGLEMENTS – LOIS

L.Q. LE PLUS RÉCENT — SECTION : Tableau des modifications — L.Q. ch. corr.

G.O. II INDEX ANNUEL POSTÉRIEUR — SECTION : Règlements-lois — G.O. II p. corr.

G.O. II INDEX TRIMESTRIEL — SECTION : Règlements-lois — G.O. II p. corr.

G.O. II
FASCICULES POSTÉRIEURS

SECTION :
Index

G.O. II
p. corr.

5o   **Terminez avec:**

La consultation de chacun des fascicules postérieurs de la GAZETTE OFFI-CIELLE DU QUÉBEC, PARTIE 2

- À la section
  INDEX

6o   **Trouvez ensuite la loi modificatrice repérée dans:**

La GAZETTE OFFICIELLE DU QUÉBEC, PARTIE 2, à la page correspondante

On peut aussi consulter:

– Les fascicules les plus récents du CANADIAN CURRENT LAW (C.C.L.): LEGISLATION / LÉGISLATION

- À la section
  LOIS MODIFIÉES, ABROGÉES OU PROCLAMÉES EN VIGUEUR, à la rubrique «Québec»

LOI D'INTÉRÊT PRIVÉ

1.2.2   <u>Mettre à jour une loi d'intérêt privé</u>

1867-1989

INDEX DES LOIS À CARACTÈRE PRIVÉ DU QUÉBEC

S.Q. ou L.Q.
ch. corr.

1o   **Jusqu'en 1989, consultez:**

L'INDEX DES LOIS À CARACTÈRE PRIVÉ DU QUÉBEC 1867-1989
au titre de la loi repérée

2o   **Trouvez ensuite la loi modificatrice dans:**

Le Recueil annuel des STATUTS DU QUÉBEC
ou
le Recueil annuel des LOIS DU QUÉBEC, au chapitre correspondant

Depuis 1969, dans un effort de francisation, le Recueil annuel porte désormais le titre de LOIS DU QUÉBEC.

Seuls les Recueils annuels antérieurs à 1969 continuent de porter le titre de STATUTS DU QUÉBEC.

L.Q.
CHAQUE ANNÉE
POSTÉRIEURE

SECTION :
Index

L.Q.
ch. corr.

3o   **Après 1989, consultez:**

Les Recueils annuels des LOIS DU QUÉBEC postérieurs, année après année

- À la section:
  INDEX (classification alphabétique)
  ou *LISTE DES LOIS*

4o   **Trouvez ensuite la loi modificatrice dans:**

Le Recueil annuel des LOIS DU QUÉBEC, au chapitre correspondant

G.O. II
INDEX
ANNUEL
POSTÉRIEUR

SECTION :
Règlements-lois

G.O. II
p. corr.

5o   **Continuez avec, s'il y a lieu:**

L'Index cumulatif annuel postérieur de la GAZETTE OFFICIELLE DU QUÉBEC, PARTIE 2

- À la section
  RÈGLEMENTS – LOIS

```
┌─────────────────────┐
│                     │
│     G.O. II         │
│     INDEX           │
│     TRIMESTRIEL     │
│                     │
│     SECTION :       │
│     Règlements-lois │
├─────────────────────┤
│     G.O. II         │
│     p. corr.        │
└─────────────────────┘
```

6° **Poursuivre avec:**

L'Index trimestriel le plus récent de la GAZETTE OFFICIELLE DU QUÉBEC, PARTIE 2

- À la section
  RÈGLEMENTS – LOIS

```
┌─────────────────────┐
│                     │
│     G.O. II         │
│     FASCICULES      │
│     POSTÉRIEURS     │
│                     │
│     SECTION :       │
│     Index           │
├─────────────────────┤
│     G.O. II         │
│     p. corr.        │
└─────────────────────┘
```

7° **Terminez avec:**

La consultation de chacun des fascicules postérieurs de la GAZETTE OFFICIELLE DU QUÉBEC, PARTIE 2

- À la section
  INDEX

8° **Trouvez ensuite la loi modificatrice repérée dans:**

La GAZETTE OFFICIELLE DU QUÉBEC, PARTIE 2, à la page correspondante

TECHNIQUE DE REPÉRAGE   1.3

VÉRIFIER LA MISE EN VIGUEUR
D'UNE LOI QUÉBÉCOISE

VÉRIFIER LA MISE EN VIGUEUR D'UNE LOI QUÉBÉCOISE

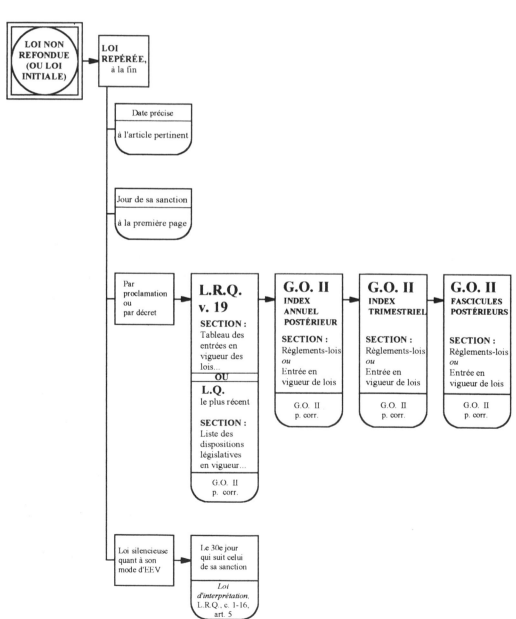

* voir la technique de repérage de la date d'EEV d'une loi non refondue, par proclamation ou par décret, en cherchant sous Refonte des lois et des règlements ou Lois refondues du Québec

1.3 TECHNIQUE DE REPÉRAGE DE LA DATE D'ENTRÉE EN VIGUEUR D'UNE LOI QUÉBÉCOISE

VÉRIFIER LA MISE EN VIGUEUR D'UNE LOI QUÉBÉCOISE

Remarque terminologique:

Il convient de distinguer entre l'adoption, la sanction et l'entrée en vigueur d'une loi.

L'**adoption** correspond à la troisième «lecture» complétée d'un projet de loi. C'est l'étape ultime dans la procédure que doit suivre l'Assemblée nationale, la Chambre des communes ou le Sénat, lors de l'adoption d'un projet de loi.

La **sanction** constitue l'approbation, la signature du projet de loi adopté en troisième lecture, par le lieutenant-gouverneur, au Québec, ou par le gouverneur général, au fédéral.

L'**entrée en vigueur** est la date que détermine le Parlement ou le gouvernement pour que la loi prenne effet, pour qu'elle devienne applicable. Une loi peut en effet être adoptée et sanctionnée sans pour autant être en vigueur. Une loi peut entrer en vigueur par parties (certains articles seulement); on dit alors qu'elle est partiellement en vigueur.

Remarque préliminaire: La technique de repérage de la date d'entrée en vigueur d'une loi varie selon que la loi repérée est:

- refondue (comprise dans la refonte permanente des lois)

  ou

- non refondue

LOI
REFONDUE

1.3.1 <u>Entrée en vigueur d'une loi refondue (comprise dans les Lois refondues du Québec):</u>

L.R.Q.
Mise à jour au :
_____

EEV :_____

G.O. II
par Décret *

1° Mise à jour des L.R.Q. au <u>1er septembre 1994</u>: EEV: _____

Remarque:

Il importe de ne pas confondre la date de la mise à jour de la refonte permanente avec la date d'entrée en vigueur de cette mise à jour. La première correspond à la date arrêtée par la Commission de refonte des lois et règlements pour intégrer les modifications dans la version refondue de la loi et pour insérer dans la refonte les nouvelles lois adoptées jusqu'à cette époque. La seconde date détermine le moment où cette mise à jour devient effective, c'est-à-dire quand elle prend pleinement effet et que son utilisation est officiellement autorisée.

2° **Ensuite:**

Pour trouver le décret qui prescrit la mise en vigueur de la mise à jour de la refonte publié dans la GAZETTE OFFICIELLE DU QUÉBEC, PARTIE 2, voir la technique de repérage de la date d'entrée en vigueur d'une loi non refondue – par proclamation ou par décret –, en cherchant sous le titre *Refonte des lois et des règlements* ou sous «Lois refondues du Québec».

Remarques:

Les articles de loi qui n'étaient pas en vigueur à la date de la mise à jour apparaissent en zone grise et n'entrent pas en vigueur du seul fait de l'entrée en vigueur de la mise à jour. Pour connaître la date d'entrée en vigueur de ces articles, il faut suivre la méthode prescrite pour une loi non refondue (1.3.2., ci-après).

Pour trouver la date d'entrée en vigueur d'origine d'une loi refondue, repérez le texte initial de la loi et procédez selon la même technique que pour une loi non refondue (1.3.2., ci-après). Pour repérer le texte initial d'une loi refondue, il suffit de regarder sous les premiers articles de la loi, telle qu'elle est publiée dans les LOIS REFONDUES DU QUÉBEC; l'année et le numéro de chapitre qui y sont indiqués correspondent à la référence de la loi dans le Recueil annuel des lois (L.Q.) ou dans l'ancienne refonte des lois québécoises (S.R.Q. 1964). Dans ce dernier cas, continuez l'opération à partir de cette refonte, jusqu'à la source initiale.

1.3.2   <u>Entrée en vigueur d'une loi non refondue:</u>

Remarque préliminaire: La première source d'information de la date d'entrée en vigueur d'une loi non refondue reste la loi elle-même. Il est donc impératif de **consulter d'abord le texte de la loi repérée**, à la fin, généralement au dernier article.

La loi peut indiquer 4 possibilités:

– elle entre en vigueur à une date précise;

– elle entre en vigueur le jour de sa sanction;

– elle entre en vigueur à une date fixée par proclamation ou par décret;

– elle peut aussi demeurer silencieuse quant à son mode d'entrée en vigueur.

– <u>La loi indique qu'elle entre en vigueur à une date précise:</u>

Trouvez cette date:

À la fin du texte de loi, à l'article pertinent

– <u>La loi indique qu'elle entre en vigueur le jour de sa sanction:</u>

Trouvez la date de la sanction sur:

La première page du texte de loi publié dans le Recueil annuel des LOIS DU QUÉBEC ou dans la GAZETTE OFFICIELLE DU QUÉBEC, PARTIE 2
ou
sur le fascicule du projet de loi sanctionné

Par
proclamation
ou
par décret

– La loi indique qu'elle entre en vigueur par proclamation ou par décret:

Pour trouver cette proclamation ou ce décret:

**L.R.Q.
v. 19**

SECTION :
Tableau des
entrées en
vigueur des
lois...

OU

L.Q.
le plus récent

SECTION :
Liste des
dispositions
législatives
en vigueur...

G.O. II
p. corr.

1º   **Consultez:**

Les LOIS REFONDUES DU QUÉBEC, édition sur feuilles mobiles, au volume 19

- À la section
  TABLEAU DES ENTRÉES EN VIGUEUR DES LOIS SANCTIONNÉES ENTRE LE 1ER JANVIER 1978 ET LE _____
  (pages jaunes)

ou

Le Recueil annuel des LOIS DU QUÉBEC le plus récent

- À la section
  LISTE DES DISPOSITIONS LÉGISLATIVES EN VIGUEUR PAR PROCLAMATION OU PAR DÉCRET...
  (pages jaunes)

ou, au besoin,

- À la section
  LISTE DES DISPOSITIONS LÉGISLATIVES NON EN VIGUEUR ... FAUTE DE PROCLAMATION OU DE DÉCRET
  (pages jaunes)

G.O. II

**INDEX
ANNUEL
POSTÉRIEUR**

SECTION :
Règlements-lois
ou
Entrée en
vigueur de lois

G.O. II
p. corr.

2º   **Complétez avec, s'il y a lieu:**

L'Index cumulatif annuel postérieur de la GAZETTE OFFICIELLE DU QUÉBEC, PARTIE 2

- À la section
  RÈGLEMENTS – LOIS
  ou *ENTRÉE EN VIGUEUR DE LOIS*

G.O. II
INDEX
TRIMESTRIEL

SECTION :
Règlements-lois
ou
Entrée en
vigueur de lois

G.O. II
p. corr.

3º **Continuez avec:**

L'index trimestriel le plus récent de la GAZETTE OFFICIELLE DU QUÉBEC, PARTIE 2

- À la section
  RÈGLEMENTS – LOIS
  ou *ENTRÉE EN VIGUEUR DE LOIS*

G.O. II
FASCICULES
POSTÉRIEURS

SECTION :
Règlements-lois
ou
Entrée en
vigueur de lois

G.O. II
p. corr.

4º **Terminez avec:**

La consultation de chacun des fascicules postérieurs de la GAZETTE OFFICIELLE DU QUÉBEC, PARTIE 2

- À la section
  RÈGLEMENTS – LOIS
  ou *ENTRÉE EN VIGUEUR DE LOIS*

5º **Trouvez ensuite la proclamation ou le décret repéré dans:**

La GAZETTE OFFICIELLE DU QUÉBEC, PARTIE 2, à la page correspondante

Loi silencieuse
quant à son
mode d'EEV

– __La loi demeure silencieuse quant à son mode d'entrée en vigueur:__

Le 30e jour
qui suit celui
de sa sanction

*Loi
d'interprétation*,
L.R.Q., c. 1-16,
art. 5

Elle entre en vigueur le 30e jour qui suit celui de sa sanction:
Loi d'interprétation, L.R.Q., c. I-16, art. 5.

Pour tous ces modes, on peut aussi consulter:

– Les fascicules récents du CANADIAN CURRENT LAW (C.C.L.):
LEGISLATION / LÉGISLATION

- À la section
  LOIS MODIFIÉES, ABROGÉES OU PROCLAMÉES EN VIGUEUR, à la rubrique «Québec»

TECHNIQUE DE REPÉRAGE 1.4

TROUVER ET METTRE À JOUR
UNE LOI FÉDÉRALE

1.4 **TECHNIQUE DE REPÉRAGE D'UNE LOI FÉDÉRALE ET DE SES MODIFICATIONS**

TROUVER ET METTRE À JOUR UNE LOI FÉDÉRALE

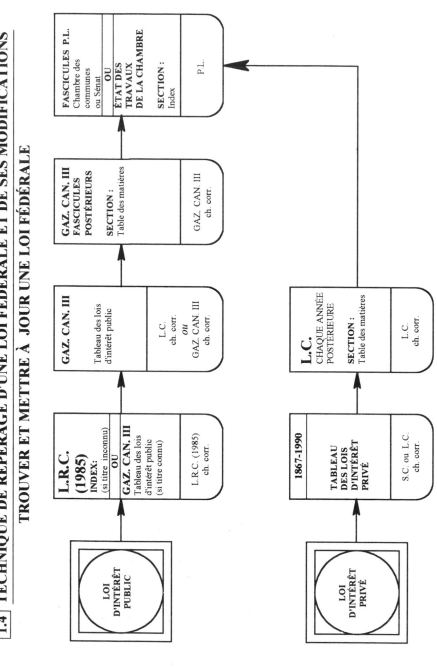

1.4 TECHNIQUE DE REPÉRAGE D'UNE LOI FÉDÉRALE ET DE SES MODIFICATIONS

TROUVER ET METTRE À JOUR UNE LOI FÉDÉRALE

Prérequis: Avoir déterminé si la loi recherchée est québécoise ou fédérale
– Voir Tableau 1.0

1.4.1 <u>Trouver une loi d'intérêt public</u>

Prérequis: Avoir déterminé si la loi recherchée est d'intérêt public ou d'intérêt privé
– Voir Tableau 1.0

Remarques préliminaires: La loi recherchée peut être soit:

– comprise dans la révision des lois;

– postérieure à la révision des lois;

– à l'état de projet de loi seulement.

En l'absence d'information précise sur le type de loi recherchée, **vérifiez d'abord** la validité de la première hypothèse, i.e. si la loi est comprise dans la révision des lois.

– <u>Loi comprise dans la révision des lois fédérales de 1985:</u>

Présentation:

La révision des lois fédérales correspond vraisemblablement au même procédé que la refonte des lois du Québec. L'avant-dernière révison datait de 1970 (S.R.C. 1970).

Pour de plus amples informations sur la révision des lois de 1985, il est suggéré de consulter la *Loi sur les Lois révisées du Canada (1985)*, L.R.C. (1985), c. 40 (3e suppl.).

Contenu:

Les nouvelles *Lois révisées du Canada (1985)* comprennent les volumes suivants:

1. Une collection de 8 volumes de base comprenant les lois fédérales **d'intérêt public** et **général** adoptées et **en vigueur** au 31 décembre 1984, classées sous les numéros de chapitre A-1 à Y-4.

    Chaque volume contient une Table des matières ainsi qu'une Table alphabétique des matières.

    Deux éditions de cette collection existent sur les rayons: une édition reliée et une édition sur feuilles mobiles qui est mise à jour périodiquement, comme pour les Lois refondues du Québec. On doit noter qu'en vertu de l'article 9(4) de la *Loi sur la révision des lois (1985)*, L.R.C. (1985), c. S-20, seule l'édition reliée fait preuve de son contenu. L'édition sur feuilles mobiles ne constitue qu'une codification administrative qui n'a aucune valeur probante. Elle demeure néanmoins un instrument fort utile dans une démarche de recherche, sous réserve d'une vérification dans la documentation officielle.

2. Un volume d'Appendices comprenant:

    – une liste des textes abrogés à compter de l'entrée en vigueur des L.R.C. (1985);

    – des lois et documents à caractère constitutionnel.

3. Cinq Suppléments:

    – 1er Supplément: - contient les lois, nouvelles ou modificatrices, qui, bien qu'adoptées, n'étaient pas en vigueur au 31 décembre 1984;

    - contient également les lois d'intérêt public et général adoptées en 1985, en vigueur ou non;

– 2e Supplément: - contient les lois d'intérêt public et général adop-
                           tées en 1986, en vigueur ou non;

– 3e Supplément: - contient les lois d'intérêt public et général adop-
                           tées en 1987, en vigueur ou non;

– 4e Supplément: - contient les lois d'intérêt public et général adop-
                           tées en 1988, en vigueur ou non;

– 5e Supplément: - contient la *Loi de l'impôt sur le revenu* et les *Règles
                           concernant l'application de l'impôt sur le revenu.*

L'édition sur feuilles mobiles ne comprend pas de suppléments, car les lois adoptées au cours de la période de 1985 à 1988 sont intégrées dans les volumes de base de la collection.

4.   Une Table de concordance:

     Cette Table permet de connaître la nouvelle numérotation des lois révisées à partir de l'ancienne numérotation des lois contenues dans les S.R.C. 1970 et dans les recueils sessionnels de 1970 jusqu'à 1984. Elle permet également la conversion des numéros d'articles des lois. Il est utile de signaler que la plupart des chapitres et des articles des lois fédérales ont été renumérotés.

5.   Un Tableau de l'historique et du traitement des lois:

     Ce document fournit, de manière détaillée, la nouvelle numérotation, dans les *Lois révisées du Canada (1985)*, des dispositions des *Statuts révisés du Canada 1970* et des lois annuelles postérieures adoptées jusqu'au 1er décembre 1988. Il signale, en outre, les lois et les dispositions abrogées qui ne se trouvent pas dans la révision.

6.   Un Index:

     Des plus détaillés et des plus complets, il est publié uniquement sous une forme reliée. Il sera cependant remplacé périodiquement par un document mis à jour. Nous en sommes actuellement à la seconde édition, mise à jour au 31 décembre 1991. Cette mise à jour tient compte de l'édition sur feuilles mobiles des L.R.C.

**L.R.C.
(1985)**
INDEX:
(si titre inconnu)
OU
GAZ. CAN. III
Tableau des lois
d'intérêt public
(si titre connu)

L.R.C. (1985)
ch. corr.

1°   **Consultez d'abord:**

L'Index des LOIS RÉVISÉES DU CANADA (1985), 2e édition, si le titre de la loi recherchée est inconnu

ou

Le TABLEAU DES LOIS D'INTÉRÊT PUBLIC / TABLEAU DES LOIS ET DES MINISTRES RESPONSABLES le plus récent,

- À la section
  TABLEAU DES LOIS D'INTÉRÊT PUBLIC, si le titre de la loi recherchée est connu

Remarques:

La 2e édition de l'Index des L.R.C. s'appuie sur l'édition sur feuilles mobiles de la révision des lois fédérales. Pour le repérage des lois postérieures à la révision, c'est-à-dire adoptées après le 31 décembre 1988, il faut assurer la concordance avec les recueils annuels des LOIS DU CANADA au moyen du TABLEAU DES LOIS D'INTÉRÊT PUBLIC/ TABLEAU DES LOIS ET DES MINISTRES RESPONSABLES.

Le TABLEAU DES LOIS D'INTÉRÊT PUBLIC / TABLEAU DES LOIS ET DES MINISTRES RESPONSABLES sert de liste alphabétique des lois fédérales d'intérêt public. Il est publié trois fois l'an, soit le 30 avril, le 31 août et le 31 décembre. Chaque mise à jour est cumulative et remplace l'ancienne parution.

2°   **Trouvez ensuite la loi repérée dans:**

Les LOIS RÉVISÉES DU CANADA (1985), au chapitre correspondant

– <u>Loi postérieure à la révision des lois de 1985 ou lois modificatrices de la loi repérée:</u>

Rappel: Voir remarque terminologique à 1.2

Remarque: Il faut se rappeler qu'une loi est modifiée par une autre loi. Les modifications cherchées prennent donc l'allure de lois modificatrices et se repèrent de la même manière qu'une loi initiale et avec les mêmes instruments de repérage. Ainsi en est-il de la *Loi modifiant le Code criminel* ou de la *Loi corrective de 1993*. La mise à jour d'une loi s'opère en poursuivant la démarche de repérage jusqu'à ce jour.

<table>
<tr><td>

**L.R.C.
(1985)**

Révision au :

31 décembre 1984

</td></tr>
</table>

– <u>Si la loi repérée est comprise dans les Lois révisées du Canada:</u>

* La mise à jour est complétée au: <u>31 décembre 1984</u>

– <u>Pour les lois ou les modifications postérieures à cette date:</u>

1o   **Consultez d'abord:**

Le TABLEAU DES LOIS D'INTÉRÊT PUBLIC / TABLEAU DES LOIS ET DES MINISTRES RESPONSABLES le plus récent

- À la section
  TABLEAU DES LOIS D'INTÉRÊT PUBLIC

En plus d'être cumulatif, ce Tableau indique la loi modificatrice pour chaque article

2o   **Trouvez ensuite la loi repérée dans:**

Le Recueil annuel des LOIS DU CANADA
ou
la GAZETTE DU CANADA, PARTIE III,
au chapitre correspondant

<table>
<tr><td>

GAZ. CAN. III

Tableau des lois
d'intérêt public

L.C.
ch. corr.
ou
GAZ. CAN. III
ch. corr.

</td></tr>
</table>

<table>
<tr><td colspan="2">La GAZETTE DU CANADA comprend trois parties:</td></tr>
<tr><td>Partie I:</td><td>Textes devant être publiés dans la Gazette du Canada en vertu d'une loi fédérale ou d'un règlement fédéral et qui ne satisfont pas aux critères des Parties II et III (ex.: avis juridiques). On y trouve aussi la publication des projets de règlement.</td></tr>
<tr><td>Partie II:</td><td>Textes réglementaires (règlements) et les proclamations énonçant leur entrée en vigueur.

À cette partie, s'ajoute l'INDEX CODIFIÉ DES TEXTES RÉGLEMENTAIRES qui a valeur d'index.</td></tr>
<tr><td>Partie III:</td><td>Lois d'intérêt public du Parlement et les proclamations énonçant leur entrée en vigueur.</td></tr>
</table>

GAZ. CAN. III
FASCICULES
POSTÉRIEURS

SECTION :
Table des matières

GAZ. CAN. III
ch. corr.

3° **Complétez avec:**

La consultation de chacun des fascicules postérieurs de la GAZETTE DU CANADA, PARTIE III

- À la section
  TABLE DES MATIÈRES
  et
  dans le contenu des lois

4° **Trouvez ensuite la loi repérée dans:**

La GAZETTE DU CANADA, PARTIE III, au chapitre correspondant

– Projet de loi:

Si vous cherchez une loi encore plus récente qui n'aurait pas été publiée dans la GAZETTE DU CANADA, PARTIE III, ou dont le processus d'adoption n'aurait pas franchi la dernière étape d'un projet de loi:

1° **Consultez:**

Les fascicules des PROJETS DE LOI PRÉSENTÉS À LA CHAMBRE DES COMMUNES («C») ou au SÉNAT («S») conservés en réserve au comptoir de la bibliothèque. La première page indique à quelle étape est rendu le projet de loi.

FASCICULES P.L.
Chambre des
communes
ou Sénat

OU

ÉTAT DES
TRAVAUX
DE LA CHAMBRE

SECTION :
Index

P.L.

On peut aussi consulter:

- L'ÉTAT DES TRAVAUX DE LA CHAMBRE publié par la Chambre des communes
  - À la section
    INDEX

- Le CANADIAN CURRENT LAW (C.C.L.): LEGISLATION ANNUAL / ANNUAIRE DE LA LÉGISLATION,
  complété par le CANADIAN CURRENT LAW (C.C.L.): LEGISLATION / LÉGISLATION
  - À la section
    PROGRESS OF BILLS / ÉVOLUTION DES PROJETS DE LOI, à la rubrique «Canada»

- Le OTTAWA LETTER publié par CCH
  - À la section
    FEDERAL LEGISLATIVE RECORD

1.4.2 <u>Trouver une loi d'intérêt privé</u>

Prérequis: Avoir déterminé si la loi recherchée est d'intérêt public ou d'intérêt privé
– Voir Tableau 1.0

Remarque
préliminaire: Les lois fédérales d'intérêt privé ne sont pas révisées. Elles ne sont pas non plus publiées dans la GAZETTE DU CANADA, PARTIE III. Leur processus de publication s'arrête aux recueils sessionnels ou, depuis 1986, aux recueils annuels des lois.

1867-1990
TABLEAU DES LOIS D'INTÉRÊT PRIVÉ
S.C. ou L.C. ch. corr.

1º   **Jusqu'en 1990, consultez:**

Le TABLEAU DES LOIS D'INTÉRÊT PRIVÉ 1867-1990 (Ottawa)

2º   **Trouvez ensuite la loi repérée dans:**

Le Recueil sessionnel ou annuel des STATUTS DU CANADA ou des LOIS DU CANADA, au chapitre correspondant

---

En 1987, on a procédé à une francisation de l'appellation des lois fédérales. Celles-ci prennent dorénavant le nom de LOIS DU CANADA, en remplacement de STATUTS DU CANADA. Cette dernière appellation demeure toutefois pour les lois publiées avant 1987.

L.C. CHAQUE ANNÉE POSTÉRIEURE
SECTION : Table des matières
L.C. ch. corr.

3º   **Après 1990, consultez:**

Les Recueils annuels postérieurs des LOIS DU CANADA

• À la section
TABLE DES MATIÈRES, à la rubrique «Lois d'intérêt privé»

4º   **Trouvez ensuite la loi repérée dans:**

Le Recueil annuel des LOIS DU CANADA, au chapitre correspondant

5º   **Complétez avec:**

La consultation des fascicules des PROJETS DE LOI PRÉSENTÉS À LA CHAMBRE DES COMMUNES («C») ou au SÉNAT («S») conservés au comptoir de la bibliothèque

On peut aussi consulter:

– L'ÉTAT DES TRAVAUX DE LA CHAMBRE publié par la Chambre des communes
  - À la section
    INDEX

FASCICULES P.L.
Chambre des
communes
ou Sénat

OU

ÉTAT DES
TRAVAUX
DE LA CHAMBRE

SECTION :
Index

P.L.

TECHNIQUE DE REPÉRAGE 1.5

VÉRIFIER LA MISE EN VIGUEUR D'UNE LOI FÉDÉRALE

1.5 TECHNIQUE DE REPÉRAGE DE LA DATE D'ENTRÉE EN VIGUEUR D'UNE LOI FÉDÉRALE

VÉRIFIER LA MISE EN VIGUEUR D'UN LOI FÉDÉRALE

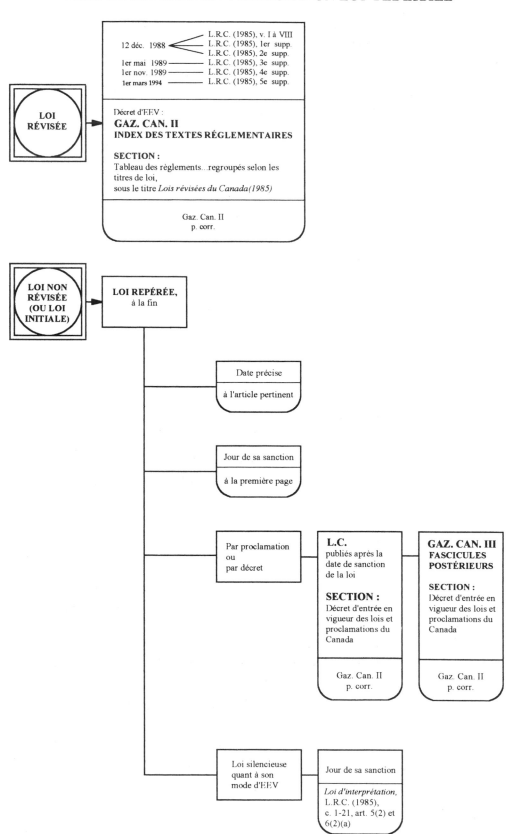

1.5 TECHNIQUE DE REPÉRAGE DE LA DATE D'ENTRÉE EN VIGUEUR D'UNE LOI FÉDÉRALE

VÉRIFIER LA MISE EN VIGUEUR D'UNE LOI FÉDÉRALE

Rappel

Remarque terminologique:

Il convient de distinguer entre l'adoption, la sanction et l'entrée en vigueur d'une loi.

L'**adoption** correspond à la troisième «lecture» complétée d'un projet de loi. C'est l'étape ultime dans la procédure que doit suivre l'Assemblée nationale, la Chambre des communes ou le Sénat, lors de l'adoption d'un projet de loi.

La **sanction** constitue l'approbation, la signature du projet de loi adopté en troisième lecture, par le lieutenant-gouverneur, au Québec, ou par le gouverneur général, au fédéral.

L'**entrée en vigueur** est la date que détermine le Parlement ou le gouvernement pour que la loi prenne effet, pour qu'elle devienne applicable. Une loi peut en effet être adoptée et sanctionnée sans pour autant être en vigueur. Une loi peut entrer en vigueur par parties (certains articles seulement); on dit alors qu'elle est partiellement en vigueur.

Remarque préliminaire: La technique de repérage de la date d'entrée en vigueur d'une loi varie selon que la loi repérée est:

– révisée (comprise dans la révision des lois)

ou

– non révisée.

1.5.1 <u>Entrée en vigueur d'une loi révisée (comprise dans les Lois révisées du Canada (1985)):</u>

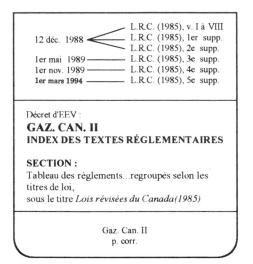

Décret d'EEV :
GAZ. CAN. II
INDEX DES TEXTES RÉGLEMENTAIRES

SECTION :
Tableau des règlements...regroupés selon les titres de loi,
sous le titre *Lois révisées du Canada(1985)*

Gaz. Can. II
p. corr.

1o   Entrée en vigueur: 12 décembre 1988:   - L.R.C. (1985), v. I à VIII
                                                   - 1er Supplément
                                                   - 2e Supplément

                               1er mai 1989:   - 3e Supplément

                               1er novembre 1989: - 4e Supplément

                               1er mars 1994:   - 5e Supplément

2o   **Cherchez ensuite:**

Les décrets qui prescrivent la mise en vigueur de la révision et des suppléments dans:
l'INDEX CODIFIÉ DES TEXTES RÉGLEMENTAIRES le plus récent de la GAZETTE DU CANADA, PARTIE II

- À la section
TABLEAU DES RÈGLEMENTS ... REGROUPÉS SELON LES TITRES DE LOI 1en cherchant sous le titre *Lois révisées du Canada (1985)*

3o   **Trouvez ensuite les décrets dans:**

La GAZETTE DU CANADA, PARTIE II, à la page correspondante

Remarque:

Pour trouver la date d'entrée en vigueur d'origine d'une loi révisée, repérez le texte initial de la loi et procédez selon la même technique que pour une loi non révisée (1.5.2, ci-après). Pour repérer le texte initial d'une loi révisée, il suffit de regarder sous les premiers articles de la loi, telle qu'elle est publiée dans les LOIS RÉVISÉES DU CANADA; l'année et le numéro de chapitre qui y sont indiqués correspondent à la référence de la loi dans le Recueil sessionnel ou annuel des lois (S.C. ou L.C.) ou dans l'ancienne révision des lois fédérales (S.R.C. 1970). Dans ce dernier cas, continuez l'opération à partir de cette révision, jusqu'à la source initiale.

1.5.2   <u>Entrée en vigueur d'une loi non révisée:</u>

**Remarques
préliminaires:**

LOI REPÉRÉE,
à la fin

La première source d'information de la date d'entrée en vigueur d'une loi non révisée reste la loi elle-même. Il est donc impératif de **consulter d'abord le texte de la loi repérée**, à la fin, généralement au dernier article.

Le TABLEAU DES LOIS D'INTÉRÊT PUBLIC / TABLEAU DES LOIS ET DES MINISTRES RESPONSABLES indique fréquemment, par la mention «EEV», la date d'entrée en vigueur des modifications apportées à une loi. Nous déconseillons fortement cette méthode de repérage, car plusieurs erreurs ont été décelées dans le passé. La consultation du texte de loi demeure la technique la plus sûre.

La loi peut indiquer 4 possibilités:

- elle entre en vigueur à une date précise;
- elle entre en vigueur le jour de sa sanction;
- elle entre en vigueur à une date fixée par proclamation ou par décret;
- elle peut aussi demeurer silencieuse quant à son mode d'entrée en vigueur.

Date précise

à l'article pertinent

– <u>La loi indique qu'elle entre en vigueur à une date précise:</u>

Trouvez cette date:

À la fin du texte de loi, à l'article pertinent

Jour de sa sanction

à la première page

– <u>La loi indique qu'elle entre en vigueur le jour de sa sanction:</u>

Trouvez la date de la sanction sur:

La première page du texte de loi publié dans le Recueil sessionnel ou annuel des LOIS DU CANADA ou dans la GAZETTE DU CANADA, PARTIE III
ou
sur le fascicule du projet de loi sanctionné

Par proclamation ou par décret	**– La loi indique qu'elle entre en vigueur par proclamation ou par décret:** Pour trouver cette proclamation ou ce décret:

L.C. publiés après la date de sanction de la loi **SECTION :** Décret d'entrée en vigueur des lois et proclamations du Canada Gaz. Can. II p. corr.	1º **Consultez, année après année:** Les Recueils sessionnels ou annuels des LOIS DU CANADA publiés après la date de la sanction de la loi • À la section *DÉCRETS D'ENTRÉE EN VIGUEUR DES LOIS ET PROCLAMATIONS DU CANADA* (pages bleues ou jaunes) 2º **Trouvez ensuite la proclamation ou le décret dans:** La GAZETTE DU CANADA, PARTIE II ou PARTIE I, selon le cas, à la page correspondante

GAZ. CAN. III **FASCICULES** **POSTÉRIEURS** **SECTION :** Décret d'entrée en vigueur des lois et proclamations du Canada Gaz. Can. II p. corr.	3º **Consultez ensuite:** Les fascicules postérieurs de la GAZETTE DU CANADA, PARTIE III, publiés après le dernier Recueil annuel des LOIS DU CANADA • À la section *DÉCRETS D'ENTRÉE EN VIGUEUR DES LOIS ET PROCLAMATIONS DU CANADA* (pages bleues) 4º **Trouvez ensuite la proclamation ou le décret dans:** La GAZETTE DU CANADA, PARTIE II, à la page correspondante

Loi silencieuse quant à son mode d'EEV

– <u>La loi demeure silencieuse quant à son mode d'entrée en vigueur:</u>

Jour de sa sanction
Loi d'interprétation, L.R.C. (1985), c. 1-21, art. 5(2) et 6(2)(a)

Elle entre en vigueur à zéro heure à la date de sa sanction (le jour de sa sanction): *Loi d'interprétation*, L.R.C. (1985), c. I-21, art. 5(2) et 6(2)(a)

MODULE 2

LE RÈGLEMENT

2

PROFIL GÉNÉRAL DE RECHERCHE D'UN RÈGLEMENT

IDENTIFIER LE RÈGLEMENT RECHERCHÉ

2.0 **PROFIL GÉNÉRAL DE RECHERCHE D'UN RÈGLEMENT**

IDENTIFIER LE RÈGLEMENT RECHERCHÉ

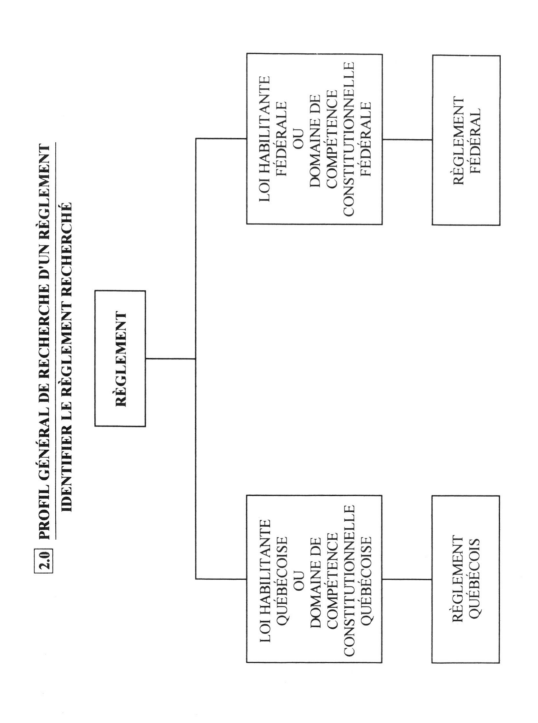

TECHNIQUE DE REPÉRAGE   2.1

TROUVER ET METTRE À JOUR UN RÈGLEMENT QUÉBÉCOIS

2.1 TECHNIQUE DE REPÉRAGE D'UN RÈGLEMENT QUÉBÉCOIS ET DE SES MODIFICATIONS

TROUVER ET METTRE À JOUR UN RÈGLEMENT QUÉBÉCOIS

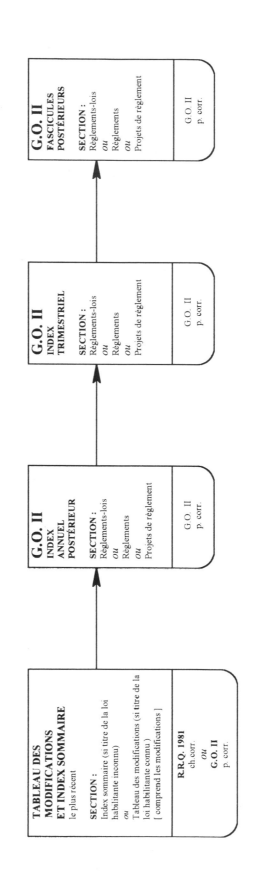

2.1 TECHNIQUE DE REPÉRAGE D'UN RÈGLEMENT QUÉBÉCOIS ET DE SES MODIFICATIONS

TROUVER ET METTRE À JOUR UN RÈGLEMENT QUÉBÉCOIS

Prérequis: Avoir déterminé si le règlement recherché est québécois ou fédéral
– Voir Tableau 2.0

Étape préalable: Mettre à jour la loi habilitante afin de repérer les modifications par voie indirecte
– Voir Tableau 1.2

Remarque préliminaire: Le règlement recherché peut être soit:

- compris dans la refonte des règlements de 1981;
- postérieur à la refonte des règlements de 1981;
- à l'état de projet de règlement seulement;
- un règlement municipal.

– <u>Règlement compris dans la refonte des règlements de 1981 ou postérieur à cette refonte:</u>

Présentation:

Pour la première fois au Québec, depuis le 31 décembre 1981, les règlements sont refondus. Contrairement à la refonte des lois, il ne s'agit pas d'une refonte permanente. On ne trouve donc pas d'édition sur feuilles mobiles des Règlements refondus du Québec. Les règlements québécois sont censés être refondus à nouveau à une date ultérieure.

La refonte des règlements présente les mêmes caractéristiques que la refonte des lois: elle a pour but de publier un texte à jour et elle procure ainsi une économie de temps et d'énergie. Avant cette refonte, il était très ardu de mettre un règlement québécois à jour, car il faut savoir que les textes réglementaires ne sont pas publiés dans des recueils annuels, comme c'est le cas pour les lois. Il fallait donc chercher dans les fascicules de la Gazette officielle du Québec des années antérieures afin de trouver les différentes versions du règlement désiré ainsi que ses modifications, opération des plus fastidieuses.

Pour de plus amples informations, il est recommandé de lire la section relative aux règlements dans la *Loi sur la refonte des lois et règlements*, L.R.Q., c. R-3, de même que l'article de Raoul BARBE, «La refonte des actes réglementaires», (1983) 13 *R.D.U.S.* 279-314.

Contenu:

Les Règlements refondus du Québec comportent:

- 10 volumes de base, comprenant 1881 règlements

- un index (volume 11)

- un index cumulatif au 1er août 1982

- 2 Suppléments comprenant les règlements adoptés entre le 31 décembre 1981 et le 1er août 1982.

La collection de base répertorie les règlements à caractère **général** et **permanent**, de même que certains règlements à caractère local ou temporaire et d'utilisation courante, qui étaient **en vigueur** au 31 décembre 1981.

Classification:

Les règlements sont classés sous la désignation alphanumérique de leur loi habilitante. Ainsi, un règlement adopté en vertu de la loi refondue C-31 portera la référence suivante: R.R.Q., 1981, c. C-31, r. 1 (ou r. 2, r. 3, ainsi de suite).

TABLEAU DES MODIFICATIONS ET INDEX SOMMAIRE le plus récent
SECTION : Index sommaire (si titre de la loi habilitante inconnu) *ou* Tableau des modifications (si titre de la loi habilitante connu) [comprend les modifications]
R.R.Q. 1981 ch.corr. *ou* **G.O. II** p. corr.

1o   **Consultez d'abord:**

Le TABLEAU DES MODIFICATIONS ET INDEX SOMMAIRE le plus récent

- À la section
  INDEX SOMMAIRE, si le titre de la loi habilitante est inconnu

  ou

- À la section
  TABLEAU DES MODIFICATIONS, si le titre de la loi habilitante est connu

Remarque: Les références indiquées entre [   ] n'ont aucune valeur officielle. Il s'agit essentiellement d'une codification administrative qui, au demeurant, n'est pas disponible sur support de papier. Les règlements dont la référence est indiquée entre [   ] doivent donc faire l'objet d'une concordance avec la section TABLEAU DES MODIFICATIONS, sous le titre de la loi habilitante. Vous y trouverez alors la référence du règlement repéré dans la GAZETTE OFFICIELLE DU QUÉBEC, PARTIE 2.

2o   **Trouvez ensuite le règlement repéré dans:**

Les RÈGLEMENTS REFONDUS DU QUÉBEC DE 1981 au chapitre correspondant, si le règlement est compris dans la refonte
ou
la GAZETTE OFFICIELLE DU QUÉBEC, PARTIE 2, à la page correspondante, si le règlement est postérieur à la refonte

3o   **Pour chercher un règlement plus récent ou les modifications au règlement repéré, consultez:**

Le TABLEAU DES MODIFICATIONS ET INDEX SOMMAIRE le plus récent

- À la section
  TABLEAU DES MODIFICATIONS, en dessous du règlement repéré

Remarque:

De façon directe, un règlement est modifié par un autre règlement qui prend l'allure d'un règlement modificateur et qui se repère de la même manière qu'un règlement initial

```
┌─────────────────────┐
│ G.O. II             │
│ INDEX               │
│ ANNUEL              │
│ POSTÉRIEUR          │
│                     │
│ SECTION :           │
│ Règlements-lois     │
│ ───────────────     │
│ ou                  │
│ Règlements          │
│ ───────────────     │
│ ou                  │
│ Projets de règlement│
│                     │
│     G.O.  II        │
│     p. corr.        │
└─────────────────────┘
```

4o **Continuez avec, s'il y a lieu:**

L'index cumulatif annuel de la GAZETTE OFFICIELLE DU QUÉBEC, PARTIE 2, publié après le plus récent TABLEAU DES MODIFICATIONS ET INDEX SOMMAIRE

- À la section
  RÈGLEMENTS-LOIS
  ou *RÈGLEMENTS ET AUTRES ACTES*

```
┌─────────────────────┐
│ G.O. II             │
│ INDEX               │
│ TRIMESTRIEL         │
│                     │
│ SECTION :           │
│ Règlements-lois     │
│ ───────────────     │
│ ou                  │
│ Règlements          │
│ ───────────────     │
│ ou                  │
│ Projets de règlement│
│                     │
│     G.O.  II        │
│     p. corr.        │
└─────────────────────┘
```

5o **Complétez avec:**

L'index trimestriel le plus récent de la GAZETTE OFFICIELLE DU QUÉBEC, PARTIE 2

- À la section
  RÈGLEMENTS-LOIS
  ou *RÈGLEMENTS ET AUTRES ACTES*

G.O. II
FASCICULES
POSTÉRIEURS

SECTION :
Règlements-lois
ou
Règlements
ou
Projets de règlement

G.O. II
p. corr.

6º **Terminez avec:**

La consultation de chacun des fascicules postérieurs de la GAZETTE OFFI-
CIELLE DU QUÉBEC, PARTIE 2

- À la section
  RÈGLEMENTS-LOIS
  ou *RÈGLEMENTS ET AUTRES ACTES*

7º **Trouvez ensuite le règlement (initial ou modificateur) repéré dans:**

La GAZETTE OFFICIELLE DU QUÉBEC, PARTIE 2, à la page correspondante

– <u>Projet de règlement:</u>

Remarque: Depuis le 1er septembre 1986, la publication des projets de règlement québécois est obligatoire (*Loi sur les règlements*, L.R.Q., c.
R-18.1, art. 8)

G.O. II
INDEX
ANNUEL
POSTÉRIEUR

SECTION :
Règlements-lois
ou
Règlements
ou
Projets de règlement

G.O. II
p. corr.

1º **Consultez d'abord:**

L'index cumulatif annuel de la GAZETTE OFFICIELLE DU QUÉBEC, PARTIE
2, publié après le plus récent TABLEAU DES MODIFICATIONS ET INDEX
SOMMAIRE

- À la section
  RÈGLEMENTS-LOIS
  ou *PROJETS DE RÈGLEMENT*

```
┌─────────────────────┐
│  G.O. II            │
│  INDEX              │
│  TRIMESTRIEL        │
│                     │
│  SECTION :          │
│  Règlements-lois    │
│  ──────────────     │
│  ou                 │
│  Règlements         │
│  ou                 │
│  Projets de règlement│
│  ──────────────     │
│                     │
│                     │
│                     │
│        G.O.  II     │
│        p. corr.     │
└─────────────────────┘
```

2o   **Complétez avec:**

L'index trimestriel le plus récent de la GAZETTE OFFICIELLE DU QUÉBEC, PARTIE 2

- À la section
  RÈGLEMENTS-LOIS
  ou *PROJETS DE RÈGLEMENT*

```
┌─────────────────────┐
│  G.O. II            │
│  FASCICULES         │
│  POSTÉRIEURS        │
│                     │
│  SECTION :          │
│  Règlements-lois    │
│  ──────────────     │
│  ou                 │
│  Règlements         │
│  ou                 │
│  Projets de règlement│
│  ──────────────     │
│                     │
│        G.O. II      │
│        p. corr.     │
└─────────────────────┘
```

3o   **Terminez avec:**

La consultation de chacun des fascicules postérieurs de la GAZETTE OFFICIELLE DU QUÉBEC, PARTIE 2

- À la section
  RÈGLEMENTS-LOIS
  ou *PROJETS DE RÈGLEMENT*

4o   **Trouvez ensuite le projet de règlement repéré dans:**

La GAZETTE OFFICIELLE DU QUÉBEC, PARTIE 2, à la page correspondante

– <u>Règlement municipal:</u>

Remarque: En vertu de l'article 3(2) de la *Loi sur les règlements*, L.R.Q., c. R-18.1, les règlements des villes et des municipalités ne sont pas soumis à l'obligation de publication à la Gazette officielle du Québec.

– Pour les règlements de la Ville de Montréal, **consultez:**

Les RÈGLEMENTS REFONDUS DE LA VILLE DE MONTRÉAL, au volume 2

- À la section
  TABLE DES MATIÈRES

Il s'agit d'une publication officielle avec mise à jour permanente.

– Pour les autres municipalités, **voir:**

Le greffier de l'hôtel de ville concerné

TECHNIQUE DE REPÉRAGE   2.2

VÉRIFIER LA MISE EN VIGUEUR
D'UN RÈGLEMENT QUÉBÉCOIS

VÉRIFIER LA MISE EN VIGUEUR D'UN RÈGLEMENT QUÉBÉCOIS

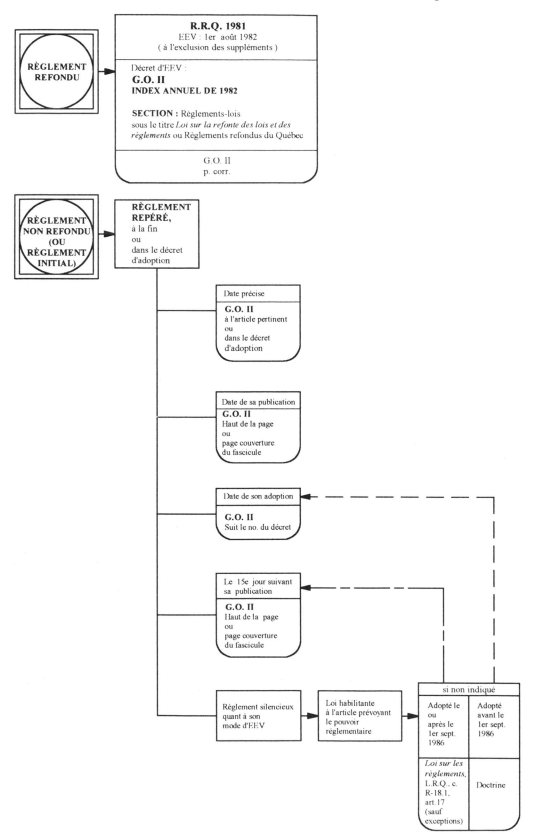

2.2 TECHNIQUE DE REPÉRAGE DE LA DATE D'ENTRÉE EN VIGUEUR D'UN RÈGLEMENT QUÉBÉCOIS

VÉRIFIER LA MISE EN VIGUEUR D'UN RÈGLEMENT QUÉBÉCOIS

Remarque préliminaire: La technique de repérage de la date d'entrée en vigueur d'un règlement varie selon que le règlement repéré est:

– refondu (compris dans la refonte des règlements)

ou

– non refondu

RÈGLEMENT REFONDU

2.2.1 <u>Entrée en vigueur d'un règlement refondu (compris dans les Règlements refondus du Québec):</u>

1o   Entrée en vigueur des R.R.Q. 1981: <u>1er août 1982</u>, à l'exclusion des deux suppléments

Pour connaître la date d'entrée en vigueur d'un règlement contenu dans un des deux suppléments, il suffit de procéder selon la technique indiquée pour un règlement non refondu (voir 2.2.2, ci-après)

R.R.Q. 1981
EEV : 1er août 1982
(à l'exclusion des suppléments)

Décret d'EEV :
G.O. II
INDEX ANNUEL DE 1982

SECTION : Règlements-lois
sous le titre *Loi sur la refonte des lois et des règlements* ou Règlements refondus du Québec

G.O. II
p. corr.

2o   Pour trouver le décret qui prescrit la mise en vigueur de la refonte:

Consultez:

L'index cumulatif annuel de 1982 de la GAZETTE OFFICIELLE DU QUÉBEC, PARTIE 2

• À la section
RÈGLEMENTS-LOIS
sous le titre *Loi sur la refonte des lois et des règlements* ou Règlements refondus du Québec, 1981

3°   **Trouvez ensuite le décret repéré dans:**

La GAZETTE OFFICIELLE DU QUÉBEC, PARTIE 2, de 1982, à la page correspondante

Remarque:

Pour trouver la date d'entrée en vigueur d'origine d'un règlement refondu, repérez le texte initial du règlement et procédez selon la technique indiquée pour un règlement non refondu (2.2.2., ci-après).

Pour repérer le texte initial d'un règlement refondu, il suffit de regarder à la dernière page du règlement, tel qu'il est publié dans les RÈGLEMENTS REFONDUS DU QUÉBEC; la référence qui s'y trouve au bas est celle du règlement publié originellement dans la GAZETTE OFFICIELLE DU QUÉBEC, PARTIE 2.

2.2.2   <u>Entrée en vigueur d'un règlement non refondu:</u>

RÈGLEMENT REPÉRÉ,
à la fin
ou
dans le décret
d'adoption

Remarque préliminaire:

La première source d'information de la date d'entrée en vigueur d'un règlement non refondu reste le règlement lui-même. Il est donc impératif de **consulter d'abord le texte du règlement repéré**, tel que publié dans la GAZETTE OFFICIELLE DU QUÉBEC, PARTIE 2, soit à la fin du règlement, soit dans le décret d'adoption qui précède le texte du règlement lui-même.

Le règlement peut indiquer 5 possibilités:

- il entre en vigueur à une date précise;

- il entre en vigueur à la date de sa publication;

- il entre en vigueur à la date de son adoption;

- il entre en vigueur le 15e jour suivant sa publication;

- il demeure silencieux quant à son mode d'entrée en vigueur.

Date précise
G.O. II à l'article pertinent ou dans le décret d'adoption

– <u>Le règlement indique qu'il entre en vigueur à une date précise:</u>

Trouvez cette date:

À l'article pertinent à la fin du règlement ou dans le décret d'adoption ou d'approbation (préambule)

Date de sa publication
G.O. II Haut de la page ou page couverture du fascicule

– <u>Le règlement indique qu'il entre en vigueur à la date de sa publication:</u>

Trouvez la date de la publication:

En haut de la page ou sur la page couverture du fascicule de la GAZETTE OFFICIELLE DU QUÉBEC, PARTIE 2

Remarque:

Le règlement peut mentionner qu'il entre en vigueur le jour de la publication du décret de son adoption ou de son approbation. C'est le cas des règlements dont le projet fait l'objet d'une publication. Dans cette hypothèse, c'est la date de la publication du décret d'adoption qu'il faut retenir, et non celle de la publication du projet de règlement.

Date de son adoption
G.O. II Suit le no. du décret

– <u>Le règlement indique qu'il entre en vigueur à la date de son adoption:</u>

Trouvez la date de l'adoption:

Elle suit le numéro du décret, au tout début du décret d'adoption ou d'approbation (préambule)

Le 15e jour suivant sa publication
G.O. II Haut de la page ou page couverture du fascicule

– <u>Le règlement indique qu'il entre en vigueur le 15e jour suivant sa publication:</u>

Trouvez la date de publication:

En haut de la page ou sur la page couverture du fascicule de la GAZETTE OFFICIELLE DU QUÉBEC, PARTIE 2, et comptez 15 jours additionnels en excluant le jour de la publication.

Règlement silencieux quant à son mode d'EEV

– <u>Le règlement demeure silencieux quant à son mode d'entrée en vigueur:</u>

Loi habilitante à l'article prévoyant le pouvoir réglementaire

1º   **Vérifiez d'abord:**

Dans la loi habilitante, à l'article prévoyant le pouvoir réglementaire. Il est possible, en effet, que ce soit celle-ci qui fournisse l'information recherchée; le plus souvent, il s'agit d'un renvoi à la date de publication.

2º   Si la loi habilitante n'indique pas le mode d'entrée en vigueur de ses règlements:

Il faut alors distinguer selon la date d'adoption du règlement repéré:

si non indiqué	
Adopté le ou après le 1er sept. 1986	Adopté avant le 1er sept. 1986
Loi sur les règlements, L.R.Q., c. R-18.1, art.17 (sauf exceptions)	Doctrine

– **Si le règlement a été adopté le ou après le 1er septembre 1986:**

En vertu de la *Loi sur les règlements*, L.R.Q., c. R-18.1, art. 17, sauf exceptions, tout règlement entre en vigueur le 15e jour suivant la date de sa publication.

– **Si le règlement a été adopté avant le 1er septembre 1986:**

Il n'existe pas de texte législatif énonçant un principe. Néanmoins, la doctrine s'accorde à dire qu'en l'absence d'indication contraire, le règlement entre en vigueur le jour de son adoption.

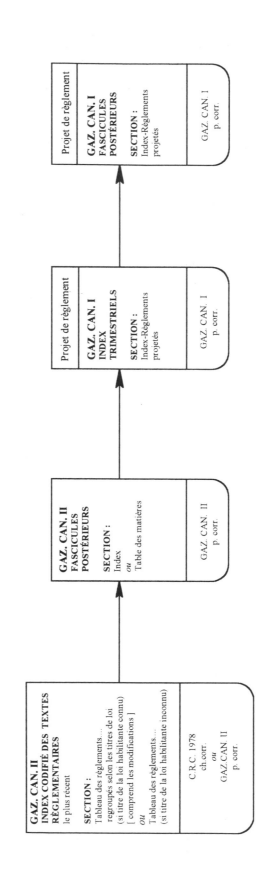

2.3 TECHNIQUE DE REPÉRAGE D'UN RÈGLEMENT FÉDÉRAL ET DE SES MODIFICATIONS

TROUVER ET METTRE À JOUR UN RÈGLEMENT FÉDÉRAL

Prérequis: Avoir déterminé si le règlement recherché est québécois ou fédéral
– Voir Tableau 2.0

Étape préalable: Mettre à jour la loi habilitante afin de repérer les modifications par voie indirecte
– Voir Tableau 1.4

Remarque préliminaire: Le règlement recherché peut être soit:

– compris dans la Codification des règlements de 1978;

– postérieur à la Codification des règlements de 1978;

– à l'état de projet de règlement seulement.

– <u>Règlement compris dans la Codification des règlements du Canada de 1978 ou postérieur à cette Codification:</u>

Présentation:

Similaire à la refonte des règlements québécois, la Codification des règlements fédéraux en est cependant à sa troisième édition (1949, 1955 et 1978).

Pour en connaître davantage, il est conseillé de se référer à la section relative aux règlements (art. 11 à 23) de la *Loi sur la révision des lois*, L.R.C. (1985), c. S-20.

Contenu:

La Codification comprend 18 volumes. Ceux-ci contiennent tous les règlements fédéraux d'**application générale** adoptés et **en vigueur** au 31 décembre 1977, soit en tout 1624 règlements.

Existent également deux suppléments qui contiennent les modifications aux règlements de la Codification jusqu'au 31 décembre 1978. Ces suppléments portent le titre de GAZETTE DU CANADA 1978, NUMÉRO SPÉCIAL.

Ne se trouvent pas dans la Codification des règlements du Canada:

- les règlements qui sont abrogés à la date de la Codification;

- les règlements qui sont suspendus ou dont l'objet est accompli;

- les règlements qui ne visent qu'un pays, une province, une localité, un lieu ou une corporation en particulier ou qui ne sont pas d'application générale;

- les règlements qui, même s'ils n'ont pas été abrogés expressément, sont remplacés par les règlements figurant dans la Codification ou sont incompatibles avec eux (abrogation par voie indirecte);

- les règlements de nature temporaire qui sont devenus périmés.

La longue liste des règlements exclus de la Codification se trouve à l'ANNEXE de la C.R.C., laquelle comprend 1 055 pages... Le classement y est fait par année et non par ordre alphabétique, ce qui en rend la consultation problématique, sauf si l'on connaît l'année d'adoption du règlement. Pour cette raison, son utilisation est plutôt rare.

Classification:

Les règlements codifiés sont classés numériquement, du chapitre 1 au chapitre 1624 (ex. C.R.C. 1978, c. 1). Bien que cela n'apparaisse pas dans la référence, cette numérotation a été établie à partir de l'ordre alphabétique anglais des lois habilitantes des règlements codifiés.

GAZ. CAN. II
INDEX CODIFIÉ DES TEXTES
RÈGLEMENTAIRES
le plus récent

SECTION :
Tableau des règlements....
 regroupés selon les titres de loi
(si titre de la loi habilitante connu)
[comprend les modifications]
ou
Tableau des règlements....
(si titre de la loi habilitante inconnu)

C.R.C. 1978
ch.corr.
ou
GAZ.CAN. II
p. corr.

1o   **Consultez d'abord:**

L'INDEX CODIFIÉ DES TEXTES RÉGLEMENTAIRES le plus récent de la GAZETTE DU CANADA, PARTIE II

- À la section
  TABLEAU DES RÈGLEMENTS ... REGROUPÉS SELON LES TITRES DE LOI
  si le titre de la loi habilitante est connu

  ou

- À la section
  TABLEAU DES RÈGLEMENTS ... (index alphabétique)
  si le titre de la loi habilitante est inconnu

L'INDEX CODIFIÉ ... est cumulatif depuis 1955 et comprend les références aux règlements codifiés ainsi qu'aux règlements postérieurs à la Codification.

Il se divise en 3 parties:

- un index alphabétique des règlements;

- un tableau des règlements selon leur loi habilitante;

- une liste des règlements soustraits à la publication.

2o   **Trouvez ensuite le règlement repéré dans:**

La CODIFICATION DES RÈGLEMENTS DU CANADA DE 1978 au chapitre correspondant, si le règlement est compris dans la Codification
ou
dans la GAZETTE DU CANADA, PARTIE II, à la page correspondante, si le règlement est postérieur à la Codification

3º **Pour chercher un règlement plus récent ou les modifications au règlement repéré, consultez:**

L'INDEX CODIFIÉ DES TEXTES RÉGLEMENTAIRES le plus récent de la GAZETTE DU CANADA, PARTIE II

- À la section
  TABLEAU DES RÈGLEMENTS ... REGROUPÉS SELON LES TITRES DE LOI
  en dessous du règlement repéré

Remarque:

De façon directe, un règlement est modifié par un autre règlement qui prend l'allure d'un règlement modificateur et qui se repère de la même manière qu'un règlement initial.

GAZ. CAN. II
INDEX CODIFIÉ DES TEXTES RÈGLEMENTAIRES
le plus récent

SECTION :
Tableau des règlements....
regroupés selon les titres de loi
(si titre de la loi habilitante connu)
[comprend les modifications]
ou
Tableau des règlements....
(si titre de la loi habilitante inconnu)

C.R.C. 1978
ch.corr.
ou
GAZ.CAN. II
p. corr.

4º **Continuez avec:**

La consultation des fascicules de la GAZETTE DU CANADA, PARTIE II, postérieurs au plus récent INDEX CODIFIÉ DES TEXTES RÉGLEMENTAIRES

- À la section
  INDEX
  ou
  TABLE DES MATIÈRES

GAZ. CAN. II
FASCICULES POSTÉRIEURS

SECTION :
Index
ou
Table des matières

GAZ. CAN. II
p. corr.

5º **Trouvez ensuite le règlement ou les modifications dans:**

La GAZETTE DU CANADA, PARTIE II, à la page correspondante

On peut aussi consulter:

– Le CANADA REGULATIONS INDEX / INDEX DES RÈGLEMENTS DU CANADA, publié par Carswell (2 vol.)

   Remarque:

   Cet instrument ne constitue pas une source officielle. Il comprend par ailleurs les règlements postérieurs à la Codification et les modifications intégrées à chacun des textes réglementaires.

– Le CANADIAN CURRENT LAW (C.C.L.): LEGISLATION ANNUAL / ANNUAIRE DE LA LÉGISLATION
complété par le
CANADIAN CURRENT LAW (C.C.L.): LEGISLATION / LÉGISLATION

   • À la section
   REGULATIONS / RÉGLEMENTATION, à la rubrique «Canada»

– <u>Projet de règlement:</u>

1º   **Consultez d'abord:**

   Les Index trimestriels les plus récents de la GAZETTE DU CANADA, PARTIE I
   • À la section
   INDEX – RÈGLEMENTS PROJETÉS

Projet de règlement

**GAZ. CAN. I
INDEX
TRIMESTRIELS**

SECTION :
Index-Règlements
projetés

GAZ. CAN. I
p. corr.

Projet de règlement

GAZ. CAN. I
FASCICULES
POSTÉRIEURS

SECTION :
Index-Règlements
projetés

GAZ. CAN. I
p. corr.

2º   **Complétez avec:**

La consultation des fascicules de la GAZETTE DU CANADA, PARTIE I,
postérieurs au plus récent Index trimestriel

- À la section
  INDEX – RÈGLEMENTS PROJETÉS

3º   **Trouvez le projet de règlement dans:**

La GAZETTE DU CANADA, PARTIE I, à la page correspondante

On peut aussi consulter:

– Le PROJET DE RÉGLEMENTATION FÉDÉRALE le plus récent, publié par le
  Secrétariat du Conseil du Trésor

TECHNIQUE DE REPÉRAGE   2.4

VÉRIFIER LA MISE EN VIGUEUR D'UN RÈGLEMENT FÉDÉRAL

VÉRIFIER LA MISE EN VIGUEUR D'UN RÈGLEMENT FÉDÉRAL

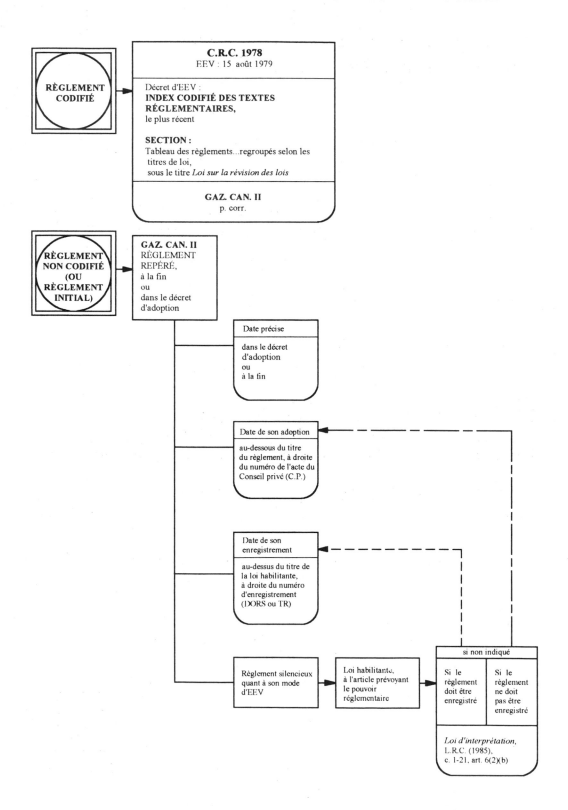

2.4 TECHNIQUE DE REPÉRAGE DE LA DATE D'ENTRÉE EN VIGUEUR D'UN RÈGLEMENT FÉDÉRAL

VÉRIFIER LA MISE EN VIGUEUR D'UN RÈGLEMENT FÉDÉRAL

Remarque préliminaire: La technique de repérage de la date d'entrée en vigueur d'un règlement varie selon que le règlement repéré est:

– codifié (compris dans la Codification des règlements de 1978)
ou
– non codifié

RÈGLEMENT CODIFIÉ

2.4.1 <u>Entrée en vigueur d'un règlement codifié (compris dans la Codification des règlements du Canada de 1978):</u>

C.R.C. 1978
EEV : 15 août 1979

Décret d'EEV :
INDEX CODIFIÉ DES TEXTES RÉGLEMENTAIRES,
le plus récent

SECTION :
Tableau des règlements...regroupés selon les titres de loi,
sous le titre *Loi sur la révision des lois*

GAZ. CAN. II
p. corr.

1o Entrée en vigueur de la C.R.C. 1978 : <u>15 août 1979</u>

2o Pour trouver le décret qui prescrit la mise en vigueur de la Codification:

Consultez:

L'INDEX CODIFIÉ DES TEXTES RÉGLEMENTAIRES le plus récent de la GAZETTE DU CANADA, PARTIE II

• À la section
TABLEAU DES RÈGLEMENTS ... REGROUPÉS SELON LES TITRES DE LOI
sous le titre *Loi sur la révision des lois*

3o **Trouvez ensuite le décret repéré dans:**

La GAZETTE DU CANADA, PARTIE II, à la page correspondante

Remarque:

Pour trouver la date d'entrée en vigueur d'origine d'un règlement codifié, repérez le texte initial du règlement et procédez selon la technique indiquée pour un règlement non codifié (2.4.2, ci-après). Pour repérer le texte initial d'un règlement codifié, il suffit de consulter l'INDEX CODIFIÉ DES TEXTES RÉGLEMENTAIRES de la GAZETTE DU CANADA, PARTIE II, couvrant la période 1955-1978. La référence du règlement, tel qu'il était publié avant la Codification de 1978 dans la GAZETTE DU CANADA, PARTIE II, y est indiquée à côté de son titre.

2.4.2   <u>Entrée en vigueur d'un règlement non codifié:</u>

GAZ. CAN. II
RÈGLEMENT
REPÉRÉ,
à la fin
ou
dans le décret
d'adoption

**Remarque
préliminaire:**

La première source d'information de la date d'entrée en vigueur d'un règlement non codifié reste le règlement lui-même. Il est donc impératif de **consulter d'abord le texte du règlement repéré**, tel que publié dans la GAZETTE DU CANADA, PARTIE II, à la fin ou dans le décret d'adoption.

Le règlement peut indiquer 4 possibilités:

- il entre en vigueur à une date précise;

- il entre en vigueur à la date de son adoption;

- il entre en vigueur à la date de son enregistrement;

- il demeure silencieux quant à son mode d'entrée en vigueur.

Date précise

dans le décret
d'adoption
ou
à la fin

– <u>Le règlement indique qu'il entre en vigueur à une date précise:</u>

Trouvez cette date:

Dans le décret d'adoption ou d'approbation (préambule) ou à la fin du règlement, à l'article pertinent.

Date de son adoption au-dessous du titre du règlement, à droite du numéro de l'acte du Conseil privé (C.P.)	**– <u>Le règlement indique qu'il entre en vigueur à la date de son adoption:</u>** **Trouvez** la date de son adoption: Au-dessous du titre du règlement, à droite du numéro de l'acte du Conseil privé (C.P.)
Date de son enregistrement au-dessus du titre de la loi habilitante, à droite du numéro d'enregistrement (DORS ou TR)	**– <u>Le règlement indique qu'il entre en vigueur à la date de son enregistrement:</u>** **Trouvez** la date de son enregistrement: Au-dessus du titre de la loi habilitante, à droite du numéro d'enregistrement du règlement (DORS ou TR)
Règlement silencieux quant à son mode d'EEV	**– <u>Le règlement demeure silencieux quant à son mode d'entrée en vigueur:</u>**
Loi habilitante, à l'article prévoyant le pouvoir réglementaire	1º **Vérifiez d'abord:** Dans la loi habilitante, à l'article prévoyant le pouvoir réglementaire. Il est possible, en effet, que cette loi fournisse l'information recherchée. 2º Si la loi habilitante n'indique pas le mode d'entrée en vigueur de ses règlements: Il faut alors distinguer selon que le règlement doit être enregistré ou non:

si non indiqué	
Si le règlement doit être enregistré	Si le règlement ne doit pas être enregistré
Loi d'interprétation, L.R.C. (1985), c. 1-21, art. 6(2)(b)	

– **Si le règlement doit être enregistré:**

C'est le cas de presque tous les règlements fédéraux. Il entre alors en vigueur à la date de son enregistrement («à zéro heure à la date de l'enregistrement»): *Loi d'interprétation*, L.R.C. (1985), c. I-21, art. 6(2)(b).

– **Si le règlement est exempté de l'enregistrement:**

Il entre en vigueur à la date de son adoption («à zéro heure à la date de sa prise»):
Loi d'interprétation, L.R.C. (1985), c. I-21, art. 6(2)(b);
Loi sur les textes réglementaires, L.R.C. (1985), c. S-22, art. 9 al. 1;
Règlement sur les textes réglementaires, C.R.C. 1978, c. 1509, art. 3, 7, 15.

MODULE 3

LA JURISPRUDENCE

TECHNIQUE DE REPÉRAGE   3.1

TROUVER DE LA JURISPRUDENCE À L'AIDE DES INSTRUMENTS QUÉBÉCOIS

3.1 TECHNIQUE DE REPÉRAGE DE LA JURISPRUDENCE À L'AIDE DES INSTRUMENTS QUÉBÉCOIS

TROUVER DE LA JURISPRUDENCE À L'AIDE DES INSTRUMENTS QUÉBÉCOIS

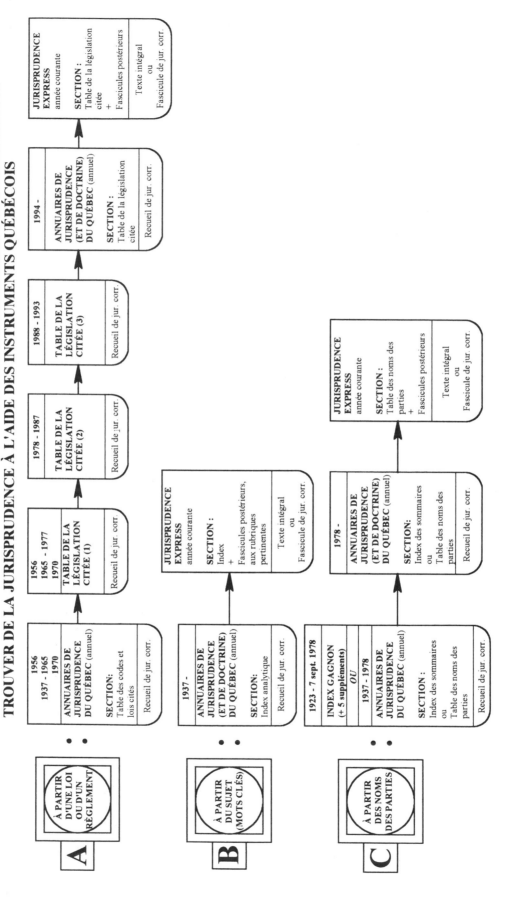

3.1 TECHNIQUE DE REPÉRAGE DE LA JURISPRUDENCE À L'AIDE DES INSTRUMENTS QUÉBÉCOIS

TROUVER DE LA JURISPRUDENCE À L'AIDE DES INSTRUMENTS QUÉBÉCOIS

Remarque préliminaire: Il existe trois méthodes ou stratégies pour chercher de la jurisprudence à l'aide des instruments de recherche québécois:

– à partir d'une loi ou d'un règlement (3.1.1)
– à partir du sujet (3.1.2)
– à partir des noms des parties (3.1.3)

3.1.1 <u>Trouver de la jurisprudence à partir d'une loi ou d'un règlement</u>

1o Pour les décisions plus anciennes:
De 1925 à 1934, consultez:

Le QUEBEC STATUTE AND CASE CITATOR

| 1956 |
| 1937 - 1965 |
| 1970 |

ANNUAIRES DE JURISPRUDENCE DU QUÉBEC (annuel)

SECTION:
Table des codes et lois cités

Recueil de jur. corr.

2o **De 1937 à 1956, 1965 ou 1970 (selon la loi en cause) consultez:**

Les ANNUAIRES DE JURISPRUDENCE DU QUÉBEC, année après année

- À la section
  TABLE DES CODES ET LOIS CITÉS

Remarque: Le titre de la section diffère selon l'époque

```
┌─────────────────┐
│      1956       │
│   1965 - 1977   │
│      1970       │
├─────────────────┤
│  TABLE DE LA    │
│  LÉGISLATION    │
│  CITÉE (1)      │
│                 │
├─────────────────┤
│ Recueil de jur. corr. │
└─────────────────┘
```

3o   **De 1956, 1965 ou 1970 (selon la loi en cause) à 1977, consultez:**

La TABLE DE LA LÉGISLATION CITÉE

La période couverte par la TABLE DE LA LÉGISLATION CITÉE varie selon la loi concernée:

    – pour le Code civil   : de 1956 à 1977

    – pour le Code criminel   : de 1970 à 1977

    – pour les lois québécoises   : de 1965 à 1977

    – pour les lois fédérales   : de 1970 à 1977

Cette TABLE indique des références à un ou plusieurs jugements pertinents, mais sans donner le nom des parties.

    Exemple: [1977] C.S. 173

Il faut donc consulter le recueil de jurisprudence qui contient ce jugement pour connaître le nom des parties et ainsi compléter la référence.

Remarque:

Cet instrument, bien que très utile, n'est pas exhaustif et ne saurait remplacer une recherche systématique dans les ANNUAIRES DE JURISPRUDENCE, année après année. En outre, il comporte malheureusement certaines erreurs.

```
┌─────────────────┐
│   1978 - 1987   │
├─────────────────┤
│  TABLE DE LA    │
│  LÉGISLATION    │
│  CITÉE (2)      │
│                 │
│                 │
├─────────────────┤
│ Recueil de jur. corr. │
└─────────────────┘
```

4o   **De 1978 à 1987, continuez avec:**

La TABLE DE LA LÉGISLATION CITÉE 1978-1987

1988 - 1993

TABLE DE LA LÉGISLATION CITÉE (3)

Recueil de jur. corr.

5o **De 1988 à 1993, continuez avec:**

La TABLE DE LA LÉGISLATION CITÉE 1988-1993

1994 -

ANNUAIRES DE JURISPRUDENCE (ET DE DOCTRINE) DU QUÉBEC (annuel)

SECTION :
Table de la législation citée

Recueil de jur. corr.

6o **Après 1993, poursuivre avec:**

Les ANNUAIRES DE JURISPRUDENCE (ET DE DOCTRINE) DU QUÉBEC, année après année

- À la section
  TABLE DE LA LÉGISLATION CITÉE

7o **Trouvez le jugement repéré dans:**

Le recueil de jurisprudence correspondant, à la page indiquée

---

En plus de trouver une référence à une décision sans le nom des parties, la TABLE des ANNUAIRES DE JURISPRUDENCE (ET DE DOCTRINE) indique un numéro de résumé de jugement qui se trouve dans la première partie de l'ANNUAIRE (Index analytique). Au cours d'une recherche, il n'est donc pas absolument nécessaire d'aller consulter le recueil de jurisprudence où est publié le jugement, sauf si l'on a besoin de lire le texte intégral.

<table>
<tr><td>

JURISPRUDENCE EXPRESS
année courante

SECTION :
Table de la législation
citée
+
Fascicules postérieurs

Texte intégral
ou
Fascicule de jur. corr.

</td><td>

8° **Complétez avec:**

L'Index du JURISPRUDENCE EXPRESS publié après le plus récent AN-NUAIRE DE JURISPRUDENCE

- À la section
  TABLE DE LA LÉGISLATION CITÉE (pages bleues)
  ou *TABLE D'INTERPRÉTATION*, rubrique *LOIS INTERPRÉTÉES*

</td></tr>
</table>

Le JURISPRUDENCE EXPRESS offre, avec une périodicité hebdomadaire, des résumés des récentes décisions rendues par les tribunaux québécois et fédéraux sur diverses matières. Les jugements qui sont retenus pour fins de publication dans les collections de jurisprudence (R.J.Q., R.R.A., etc.) font l'objet d'une mention spécifique, à la fin du résumé.

9° **Terminez avec:**

La consultation des fascicules du JURISPRUDENCE EXPRESS les plus récents, en cherchant, dans le résumé, le titre de la loi ou du règlement concerné.

Remarque: Bien que fort incomplète, cette technique demeure la seule disponible à cette étape de la recherche.

10° **Trouvez le texte intégral du jugement repéré:**

- Sur microfiches

- Auprès de l'éditeur SOQUIJ

- Dans le fascicule de jurisprudence correspondant, si le jugement a été retenu pour publication (il faut compter un délai de plusieurs mois)

On peut aussi consulter:

A° Diverses lois annotées:

- Loi annotée sur la protection du consommateur

- Loi annotée sur les accidents du travail

- Loi annotée sur les normes du travail

- Loi annotée sur la protection de la jeunesse

- Loi commentée de l'expropriation du Québec

- Code civil annoté (Baudouin et Renaud)

- Code de procédure civile annoté du Québec

- Droit civil québécois, publié par Publications DACFO (Code civil du Québec et Loi d'application annotés)

- Texte annoté de la Charte des droits et libertés de la personne du Québec

- Chartes annotées des droits de la personne

- etc.

Pour connaître la **signification d'une abréviation** propre à un recueil de jurisprudence, on peut consulter:

- la liste d'abréviations juridiques contenue au début de l'instrument de repérage consulté;

- la liste d'abréviations affichée dans la bibliothèque;

- un manuel de méthode de références juridiques;

- l'ouvrage de Didier LLUELLES, *Guide des références pour la rédaction juridique*, 5e éd., pp. 105-109.

Pour savoir ensuite où se trouve le recueil de jurisprudence dans la bibliothèque, consultez le catalogue collectif informatisé ou sur microfiches, en utilisant la méthode de recherche par TITRE (voir Technique 4.1.2). Trouvez ensuite le recueil de jurisprudence à la cote indiquée.

On peut aussi utiliser le répertoire microfiché «CACTUS» pour connaître les bibliothèques de droit qui possèdent l'abonnement au périodique recherché.

B° LA PRESSE JURIDIQUE (L.P.J.) (bimensuel)
et
le RECUEIL DE JURISPRUDENCE DE LA PRESSE JURIDIQUE (annuel)

- À la section
  INDEX DE LA LÉGISLATION

3.1.2 <u>Trouver de la jurisprudence à partir du sujet (mots clés)</u>

1° Pour les décisions plus anciennes:
De 1770 à 1955, consultez:

Le RÉPERTOIRE GÉNÉRAL DE JURISPRUDENCE CANADIENNE (Beauchamp) et ses trois SUPPLÉMENTS

2° **De 1937 à l'année courante, consultez:**

Les ANNUAIRES DE JURISPRUDENCE (ET DE DOCTRINE) DU QUÉBEC, année après année

- À la section
  INDEX ANALYTIQUE
  ou *PLAN DES SOMMAIRES*, avec résumé correspondant

Remarque:

De 1935 à 1955, il est possible de consulter le dernier supplément (Lévêque) du RÉPERTOIRE GÉNÉRAL DE JURISPRUDENCE CANADIENNE et, donc, de ne débuter la recherche dans les ANNUAIRES DE JURISPRUDENCE qu'à partir de 1956.

3° **Trouvez le jugement repéré dans:**

Le recueil de jurisprudence correspondant, à la page indiquée

---

1937 -

ANNUAIRES DE JURISPRUDENCE (ET DE DOCTRINE) DU QUÉBEC (annuel)

SECTION:
Index analytique

Recueil de jur. corr.

**JURISPRUDENCE
EXPRESS**
année courante

SECTION :
Index
+
Fascicules postérieurs,
aux rubriques
pertinentes

Texte intégral
ou
Fascicule de jur. corr.

4º **Complétez avec:**

L'Index du JURISPRUDENCE EXPRESS publié après le plus récent AN-NUAIRE DE JURISPRUDENCE ET DE DOCTRINE DU QUÉBEC

• À la section
  INDEX (pages bleues)
  ou *TABLE D'INTERPRÉTATION*, rubrique *TERMES INTERPRÉTÉS*

5º **Terminez avec:**

La consultation des fascicules du JURISPRUDENCE EXPRESS les plus récents, aux rubriques pertinentes

6º **Trouvez le texte intégral du jugement repéré:**

– Sur microfiches

– Auprès de l'éditeur SOQUIJ

– Dans le fascicule de jurisprudence correspondant, si le jugement a été retenu pour publication (il faut compter un délai de plusieurs mois)

On peut aussi consulter:

Aº En général:

LA PRESSE JURIDIQUE (L.P.J.) (bimensuel)
et
le RECUEIL DE JURISPRUDENCE DE LA PRESSE JURIDIQUE (annuel)

• À la section
  INDEX ANALYTIQUE

Bº En droit civil (pour certains thèmes):

– Le RÉPERTOIRE DE JURISPRUDENCE ET DE DOCTRINE (pour le Code civil du Bas-Canada)

  • Quantum

  • Vente

  • Contrats nommés

  • Obligations

- Le RÉPERTOIRE DE DROIT / NOUVELLE SÉRIE, publié par la Chambre des notaires (présentement en révision)

- Le RECUEIL EN RESPONSABILITÉ ET ASSURANCE (R.R.A.)

- Le RECUEIL DE DROIT DE LA FAMILLE (R.D.F.)

- Le DROIT DE LA FAMILLE de la Commission des services juridiques

Co   En droit pénal:

- L'INDEX des CANADIAN CRIMINAL CASES (2nd, 3rd series) (comprend: index, jurisprudence citée et table des noms des parties)

- Les CONSOLIDATED INDEX et CUMULATIVE INDEX des CRIMINAL REPORTS (1st, 2nd, 3rd & 4th series)
(comprend: table des noms des parties, index, jurisprudence citée, législation citée et doctrine citée)

- Les RÉSUMÉS DE JURISPRUDENCE PÉNALE DU QUÉBEC (de Philip Schneider et Alain Dubois)

- JURI 2000 (jusqu'en décembre 1991)

Do   En droit social:

- L'AIDE JURIDIQUE EXPRESS de la Commission des services juridiques

- Les DÉCISIONS DE LA COMMISSION DES AFFAIRES SOCIALES (C.A.S.)

Eo   En droit fiscal:

- Le RECUEIL DE DROIT FISCAL QUÉBÉCOIS (R.D.F.Q.)

- Le DROIT FISCAL QUÉBÉCOIS EXPRESS (D.F.Q.E.)

Fo   En droit du travail:

- Le DROIT DU TRAVAIL EXPRESS (D.T.E.)

- Le DROIT DISCIPLINAIRE EXPRESS (D.D.E.)

- Les DÉCISIONS DU COMMISSAIRE DU TRAVAIL ET DU TRIBUNAL DU TRAVAIL (C.T. / T.T.)

- Les DÉCISIONS DU TRIBUNAL D'ARBITRAGE (T.A.)

- Les DÉCISIONS DES BUREAUX DE RÉVISION PARITAIRES (B.R.P.)

- Les DÉCISIONS DE LA COMMISSION D'APPEL EN MATIÈRE DE LÉSIONS PROFESSIONNELLES (C.A.L.P.)

- Le JURISÉLECTION de la Commission d'appel en matière de lésions professionnelles

- L'INDEX & les RÉSUMÉS DE SENTENCES ARBITRALES DE GRIEFS (S.A.G.) publiés par Coplanam

- Les SENTENCES ARBITRALES DE LA FONCTION PUBLIQUE

G° En droit immobilier:

- Le RECUEIL DE DROIT IMMOBILIER (R.D.I.)

- Les DÉCISIONS DU BUREAU DE RÉVISION DE L'ÉVALUATION FONCIÈRE DU QUÉBEC (B.R.E.F.) (jusqu'en 1991)

- Les recueils de jurisprudence du TRIBUNAL DE L'EXPROPRIATION (T.E.) (jusqu'en 1985)

- Les recueils des décisions de la COMMISSION DE PROTECTION DU TERRITOIRE AGRICOLE (C.P.T.A.Q.)

- Le BULLETIN DE DROIT IMMOBILIER (de Lise Szmigielski)

H° En droit de l'information:

- Les DÉCISIONS DE LA COMMISSION D'ACCÈS À L'INFORMATION (C.A.I.)

- Les DÉCISIONS, LETTRES-DÉCISIONS ET AVIS PUBLICS DU C.R.T.C. EN MATIÈRE DE TÉLÉCOMMUNICATIONS

I° En matière de droits de la personne:

- Les DROITS ET LIBERTÉS AU QUÉBEC (D.L.Q.)

- JURISPRUDENCE DES DROITS ET LIBERTÉS DE LA PERSONNE

J° En droit professionnel:

- Les DÉCISIONS DISCIPLINAIRES CONCERNANT LES CORPORATIONS PROFESSIONNELLES (D.D.C.P.)

Kº   En droit judiciaire:

    – La REVUE DE DROIT JUDICIAIRE (R.D.J.)

Lº   En droit du logement:

    – Le JURISPRUDENCE LOGEMENT (J.L.)

Mº   La collection ATOÛT MAÎTRE:

    – Thèmes disponibles: – congédiement
    – mesure disciplinaire et non disciplinaire
    – santé et sécurité du travail
    – accidents du travail et maladies professionnelles
    – interprétation de la convention collective
    – clause pénale et clause de non-concurrence
    – injonction
    – prestation compensatoire
    – détermination de la peine
    – quantum

3.1.3 <u>**Trouver de la jurisprudence à partir des noms des parties**</u>

**Remarque
préliminaire:**   Si à la fois les noms des parties et l'année du jugement sont connus, la recherche est de beaucoup simplifiée. Autrement, il faut procéder en remontant dans le temps.

1º   Pour les décisions plus anciennes:
    De 1770 à 1955, consultez:

    Le RÉPERTOIRE GÉNÉRAL DE JURISPRUDENCE CANADIENNE (Beauchamp) et ses 3 SUPPLÉMENTS

    • À la section
      INDEX DES CAUSES

1923 - 7 sept. 1978
INDEX GAGNON (+ 5 suppléments)
OU
1937 - 1978
ANNUAIRES DE JURISPRUDENCE DU QUÉBEC (annuel)
SECTION : Index des sommaires ou Table des noms des parties
Recueil de jur. corr.

2o   **De 1923 au 7 septembre 1978, consultez:**

L'INDEX GAGNON et ses 5 suppléments

Remarque:

L'INDEX GAGNON ne permet de retracer que les décisions qui ont été citées dans d'autres jugements. En outre, plusieurs décisions peuvent porter les mêmes noms des parties. Dans ce dernier cas, il faut vérifier à la source, *i.e.* dans le recueil de jurisprudence, la pertinence de la décision repérée.

Pour les décisions qui n'ont pas été citées:
Consultez à la place:

Les ANNUAIRES DE JURISPRUDENCE DU QUÉBEC, année après année

- À la section
INDEX DES SOMMAIRES (jusqu'en 1987)
ou *TABLE DES NOMS DES PARTIES* (à partir de 1988)

Remarque: Ne pas confondre l'*INDEX DES SOMMAIRES* avec le *PLAN DES SOMMAIRES* apparu en 1989 et qui comprend les résumés des jugements

3o   **Trouvez le jugement repéré dans:**

Le recueil de jurisprudence correspondant, à la page indiquée

1978 -
ANNUAIRES DE JURISPRUDENCE (ET DE DOCTRINE) DU QUÉBEC (annuel)
SECTION: Index des sommaires ou Table des noms des parties
Recueil de jur. corr.

4o   **De 1978 jusqu'à l'année courante, complétez avec:**

Les ANNUAIRES DE JURISPRUDENCE (ET DE DOCTRINE) DU QUÉBEC, année après année

- À la section
INDEX DES SOMMAIRES (jusqu'en 1987)
ou *TABLE DES NOMS DES PARTIES* (à partir de 1988)

5o   **Trouvez le jugement repéré dans:**

Le recueil de jurisprudence correspondant, à la page indiquée

```
┌─────────────────────────┐
│  JURISPRUDENCE          │
│  EXPRESS               │
│  année courante         │
│                         │
│  SECTION :             │
│  Table des noms des     │
│  parties               │
│  +                      │
│  Fascicules postérieurs │
├─────────────────────────┤
│                         │
│    Texte intégral       │
│         ou              │
│  Fascicule de jur. corr.│
└─────────────────────────┘
```

6° **Complétez avec:**

L'Index du JURISPRUDENCE EXPRESS publié après le plus récent ANNUAIRE DE JURISPRUDENCE

- À la section
  TABLE DES NOMS DES PARTIES (pages bleues)

7° **Terminez avec:**

La consultation des fascicules du JURISPRUDENCE EXPRESS les plus récents, aux noms des parties

8° **Trouvez le texte intégral du jugement repéré:**

– Sur microfiches

– Auprès de l'éditeur SOQUIJ

– Dans le fascicule de jurisprudence correspondant, si le jugement a été retenu pour publication (il faut compter un délai de plusieurs mois)

On peut aussi consulter:

– LA PRESSE JURIDIQUE (L.P.J.) (bimensuel)
  et
  le RECUEIL DE JURISPRUDENCE DE LA PRESSE JURIDIQUE (annuel)

- À la section
  INDEX DE LA JURISPRUDENCE

TECHNIQUE DE REPÉRAGE DE L'APPEL D'UN JUGEMENT
VÉRIFIER ET TROUVER L'APPEL D'UN JUGEMENT

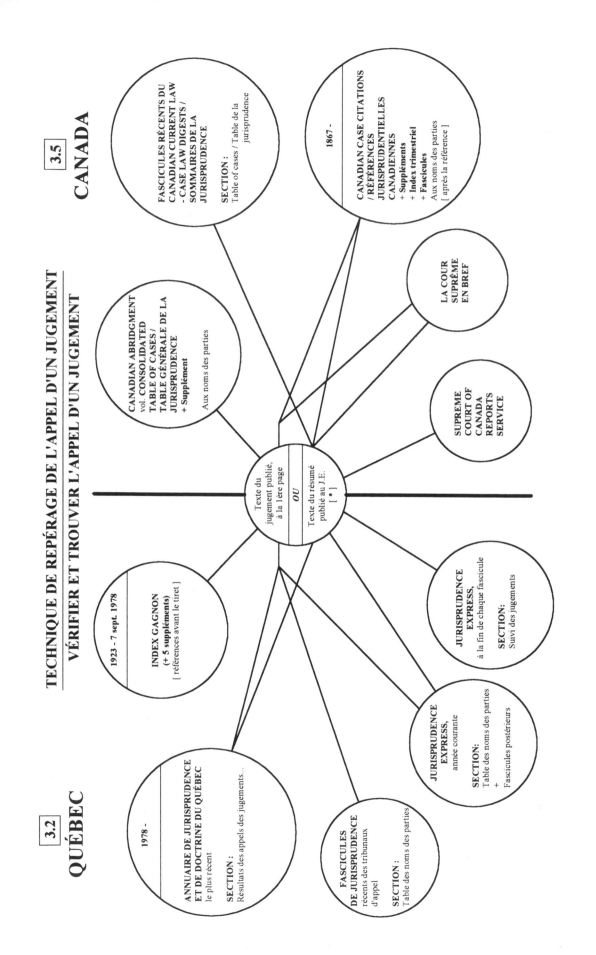

3.5
CANADA

FASCICULES RÉCENTS DU CANADIAN CURRENT LAW - CASE LAW DIGESTS / SOMMAIRES DE LA JURISPRUDENCE

SECTION :
Table of cases / Table de la jurisprudence

1867 -

CANADIAN CASE CITATIONS / RÉFÉRENCES JURISPRUDENTIELLES CANADIENNES
+ **Suppléments**
+ **Index trimestriel**
+ **Fascicules**
Aux noms des parties
[après la référence]

CANADIAN ABRIDGMENT vol. **CONSOLIDATED TABLE OF CASES / TABLE GÉNÉRALE DE LA JURISPRUDENCE**
+ **Supplément**
Aux noms des parties

LA COUR SUPRÊME EN BREF

SUPREME COURT OF CANADA REPORTS SERVICE

Texte du jugement publié, à la 1ère page

OU

Texte du résumé publié au J.E.
[*]

1923 - 7 sept. 1978

INDEX GAGNON
(+ 5 suppléments)
[références avant le tiret]

JURISPRUDENCE EXPRESS,
à la fin de chaque fascicule

SECTION:
Suivi des jugements

JURISPRUDENCE EXPRESS,
année courante

SECTION:
Table des noms des parties
+
Fascicules postérieurs

3.2
QUÉBEC

1978 -

ANNUAIRE DE JURISPRUDENCE ET DE DOCTRINE DU QUÉBEC
le plus récent

SECTION :
Résultats des appels des jugements...

FASCICULES DE JURISPRUDENCE
récents des tribunaux d'appel

SECTION :
Table des noms des parties

3.2 TECHNIQUE DE REPÉRAGE DE L'APPEL D'UN JUGEMENT À L'AIDE DES INSTRUMENTS QUÉBÉCOIS

VÉRIFIER ET TROUVER L'APPEL D'UN JUGEMENT À L'AIDE DES INSTRUMENTS QUÉBÉCOIS

Remarques préliminaires: Cette technique procède en deux étapes.

- Dans un premier temps, il convient de vérifier si le jugement a été porté en appel ou non.

- Dans l'affirmative, la seconde étape s'impose; vérifiez alors si le jugement du tribunal d'appel a été rendu et, le cas échéant, s'il a été publié.

Il est utile de rappeler que, contrairement aux techniques précédentes, la démarche proposée ne se veut pas linéaire, d'où la forme «éclatée» du Tableau 3.2. L'utilisateur peut donc consulter directement l'instrument de repérage qui correspond à la période à laquelle le jugement d'appel est susceptible d'avoir été rendu.

– Première étape: Vérifier si le jugement repéré a été porté en appel:

1o   **Consultez d'abord:**

Texte du jugement publié, à la 1ère page

OU

Texte du résumé publié au J.E. [*]

Le texte du jugement publié, généralement à la première page. Il peut indiquer qu'il est porté en appel, soit à l'aide d'un astérisque suivant la désignation des parties, soit à l'aide d'un rectangle qui suit le sommaire du jugement.

Pour les résumés de jugement publiés dans le JURISPRUDENCE EXPRESS, la présence d'un astérisque avant les noms des parties signifie que la décision fait l'objet d'un appel. L'absence d'un astérisque ne permet cependant pas de conclure au contraire; elle signifie uniquement que le jugement n'était pas encore porté en appel au moment de la publication du résumé. Il faut alors poursuivre la recherche.

– **<u>Seconde étape:</u>**
<u>Vérifier si le jugement du tribunal d'appel a été rendu et trouver</u>
<u>sa publication:</u>

2o   **De 1923 au 7 septembre 1978, consultez ensuite:**

         L'INDEX GAGNON et ses 5 suppléments (références **avant** le tiret)

         Remarque:
         Cet instrument n'est utile que pour un jugement qui a été cité

1923 - 7 sept. 1978

INDEX GAGNON
(+ 5 suppléments)
[références avant le tiret]

3o   **De 1978 à l'année courante, consultez:**

         Le plus récent ANNUAIRE DE JURISPRUDENCE ET DE DOCTRINE DU
         QUÉBEC

         • À la section
           RÉSULTATS DES APPELS DES JUGEMENTS RAPPORTÉS DANS LES RECUEILS DE JURIS-
           PRUDENCE,
           à la référence du jugement

1978 -

ANNUAIRE DE JURISPRUDENCE
ET DE DOCTRINE DU QUÉBEC
le plus récent

SECTION :
Résultats des appels des jugements...

4o   **Pour l'année courante, consultez:**

         Les fascicules de jurisprudence récents des tribunaux d'appel (R.J.Q., Q.A.C.,
         R.C.S., C.F., etc.)

         • À la section
           TABLE DES NOMS DES PARTIES

FASCICULES
DE JURISPRUDENCE
récents des tribunaux
d'appel

SECTION :
Table des noms des parties

5o   **Continuez avec:**

         L'Index du JURISPRUDENCE EXPRESS de l'année courante

         • À la section
           TABLE DES NOMS DES PARTIES (pages bleues)

JURISPRUDENCE
EXPRESS,
année courante

SECTION:
Table des noms des parties
+
Fascicules postérieurs

6o   **Poursuivez avec:**

         La consultation des fascicules du JURISPRUDENCE EXPRESS les plus récents,
         aux noms des parties

JURISPRUDENCE EXPRESS,
à la fin de chaque fascicule

SECTION:
Suivi des jugements

7° **Terminez avec:**

La consultation des fascicules du JURISPRUDENCE EXPRESS les plus récents

- À la section
  SUIVI DES JUGEMENTS

On peut aussi consulter:

– Les parutions récentes de LA PRESSE JURIDIQUE (L.P.J.) (bimensuelle)

– LA COUR SUPRÊME EN BREF

TECHNIQUE DE REPÉRAGE   3.3

TROUVER DE LA JURISPRUDENCE CITÉE À L'AIDE DES INSTRUMENTS QUÉBÉCOIS

3.3 **TECHNIQUE DE REPÉRAGE DE LA JURISPRUDENCE CITÉE À L'AIDE DES INSTRUMENTS QUÉBÉCOIS**

TROUVER DE LA JURISPRUDENCE CITÉE À L'AIDE DES INSTRUMENTS QUÉBÉCOIS

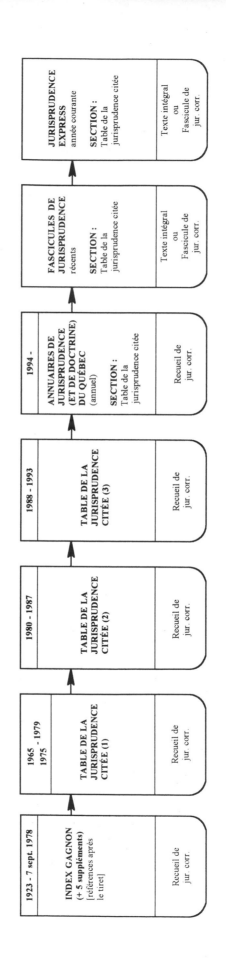

3.3 TECHNIQUE DE REPÉRAGE DE LA JURISPRUDENCE CITÉE À L'AIDE DES INSTRUMENTS QUÉBÉCOIS

TROUVER DE LA JURISPRUDENCE CITÉE À L'AIDE DES INSTRUMENTS QUÉBÉCOIS

Remarque préliminaire: Cette technique permet de vérifier l'autorité d'un jugement en repérant et en consultant d'autres jugements qui l'ont cité. Elle permet également de trouver d'autres décisions à partir de la connaissance d'un jugement rendu sur une matière.

1º **De 1923 au 7 septembre 1978, consultez d'abord:**

L'INDEX GAGNON et ses 5 suppléments,
au nom d'une des parties, **après** le tiret

1923 - 7 sept. 1978
INDEX GAGNON **(+ 5 suppléments)** [références après le tiret]
Recueil de jur. corr.

Cet instrument fournit plusieurs références de jugements postérieurs dans lesquels une décision, dont les noms des parties apparaissent en premier lieu, a été citée, c'est-à-dire utilisée par le tribunal.

Il importe de ne pas confondre les références de la décision elle-même (qui suivent immédiatement le nom des parties et/ou sont en caractères gras) et les références des jugements dans lesquels cette décision a été citée (qui suivent le tiret).

La page qui est indiquée dans la référence des citations correspond à la page exacte où la décision a été citée et non à celle du début du jugement qui cite. Il faut donc consulter le recueil de jurisprudence dans lequel est publié le jugement qui cite pour connaître à quelle page celui-ci débute.

```
┌─────────────────────┐
│      1965           │
│           - 1979    │
│      1975           │
├─────────────────────┤
│                     │
│  TABLE DE LA        │
│  JURISPRUDENCE      │
│  CITÉE (1)          │
│                     │
│                     │
├─────────────────────┤
│    Recueil de       │
│    jur. corr.       │
└─────────────────────┘
```

2o   **De 1965 ou 1975 (selon le tribunal concerné) à 1979, consultez:**

La TABLE DE LA JURISPRUDENCE CITÉE, au nom d'une des parties

Remarque:

Cet instrument, bien que très utile, n'est pas exhaustif et ne saurait remplacer une recherche systématique dans les ANNUAIRES DE JURISPRUDENCE, année après année. En outre, il comporte malheureusement certaines erreurs.

```
┌─────────────────────┐
│     1980 - 1987     │
├─────────────────────┤
│                     │
│                     │
│  TABLE DE LA        │
│  JURISPRUDENCE      │
│  CITÉE (2)          │
│                     │
│                     │
├─────────────────────┤
│    Recueil de       │
│    jur. corr.       │
└─────────────────────┘
```

3o   **De 1980 à 1987, poursuivre avec:**

La TABLE DE LA JURISPRUDENCE CITÉE 1980-1987, au nom d'une des parties

```
┌─────────────────────┐
│     1988 - 1993     │
├─────────────────────┤
│                     │
│                     │
│  TABLE DE LA        │
│  JURISPRUDENCE      │
│  CITÉE (3)          │
│                     │
│                     │
├─────────────────────┤
│    Recueil de       │
│    jur. corr.       │
└─────────────────────┘
```

4o   **De 1988 à 1993, continuez avec:**

La TABLE DE LA JURISPRUDENCE CITÉE 1988-1993, au nom d'une des parties

1994 -
ANNUAIRES DE JURISPRUDENCE (ET DE DOCTRINE) DU QUÉBEC (annuel)   **SECTION :**   Table de la jurisprudence citée
Recueil de jur. corr.

5º **Après 1993, continuez avec:**

Les ANNUAIRES DE JURISPRUDENCE (ET DE DOCTRINE) DU QUÉBEC, année après année
- À la section
  TABLE DE LA JURISPRUDENCE CITÉE, au nom d'une des parties

6º **Trouvez ensuite le(s) jugement(s) repéré(s) dans:**

Le recueil de jurisprudence correspondant, à la page indiquée

FASCICULES DE JURISPRUDENCE récents   **SECTION :**   Table de la jurisprudence citée
Texte intégral ou Fascicule de jur. corr.

7º **Pour l'année courante, consultez:**

Les fascicules de jurisprudence récents (R.J.Q., R.R.A., R.D.I., etc.)
- À la section
  TABLE DE LA JURISPRUDENCE CITÉE, au nom d'une des parties

Remarque:

Dans le cas des R.J.Q., seuls les numéros 4, 8 ct 11 comprennent des tables consolidées de la jurisprudence citée

JURISPRUDENCE EXPRESS année courante   **SECTION :**   Table de la jurisprudence citée
Texte intégral ou Fascicule de jur. corr.

8º **Terminez avec:**

La consultation du JURISPRUDENCE EXPRESS de l'année courante
- À la section
  TABLE DE LA JURISPRUDENCE CITÉE , au nom d'une des parties

9º **Trouvez le texte intégral du jugement repéré:**
- Sur microfiches
- Auprès de l'éditeur SOQUIJ
- Dans le fascicule de jurisprudence correspondant, si le jugement a été retenu pour publication (il faut compter un délai de plusieurs mois)

TECHNIQUE DE REPÉRAGE   3.4

TROUVER DE LA JURISPRUDENCE À L'AIDE
DES INSTRUMENTS CANADIENS

3.4 TECHNIQUE DE REPÉRAGE DE LA JURISPRUDENCE À L'AIDE DES INSTRUMENTS CANADIENS

TROUVER DE LA JURISPRUDENCE À L'AIDE DES INSTRUMENTS CANADIENS

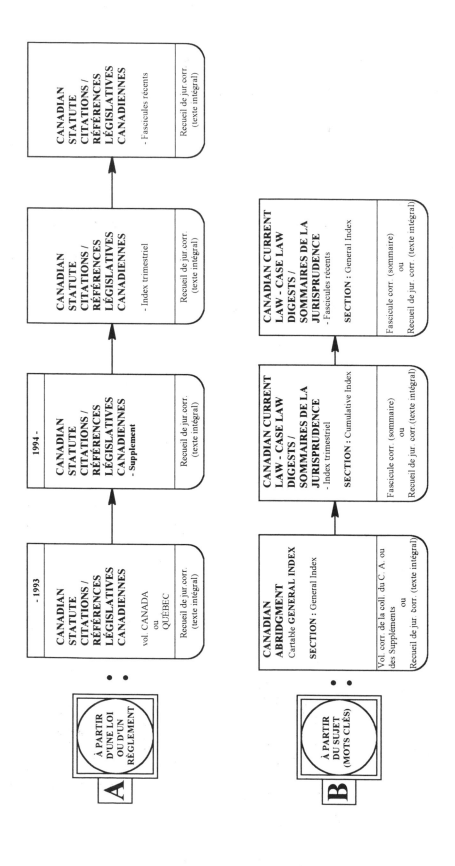

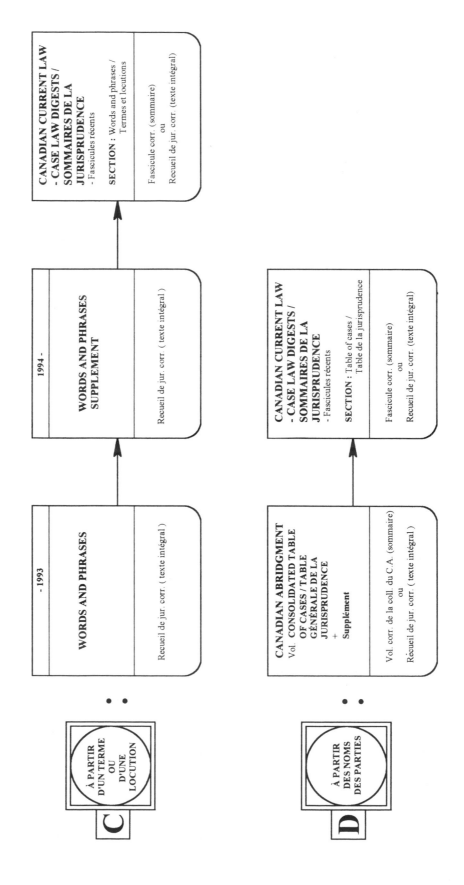

C — À PARTIR D'UN TERME OU D'UNE LOCUTION

- 1993

WORDS AND PHRASES

Recueil de jur. corr. (texte intégral)

1994 -

WORDS AND PHRASES SUPPLEMENT

Recueil de jur. corr. (texte intégral)

CANADIAN CURRENT LAW - CASE LAW DIGESTS / SOMMAIRES DE LA JURISPRUDENCE
- Fascicules récents

SECTION : Words and phrases / Termes et locutions

Fascicule corr. (sommaire)
ou
Recueil de jur. corr. (texte intégral)

D — À PARTIR DES NOMS DES PARTIES

CANADIAN ABRIDGMENT
Vol. CONSOLIDATED TABLE OF CASES / TABLE GÉNÉRALE DE LA JURISPRUDENCE
+
Supplément

Vol. corr. de la coll. du C.A. (sommaire)
ou
Récueil de jur. corr. (texte intégral)

CANADIAN CURRENT LAW - CASE LAW DIGESTS / SOMMAIRES DE LA JURISPRUDENCE
- Fascicules récents

SECTION : Table of cases / Table de la jurisprudence

Fascicule corr. (sommaire)
ou
Recueil de jur. corr. (texte intégral)

3.4 TECHNIQUE DE REPÉRAGE DE LA JURISPRUDENCE À L'AIDE DES INSTRUMENTS CANADIENS

TROUVER DE LA JURISPRUDENCE À L'AIDE DES INSTRUMENTS CANADIENS

Remarque préliminaire: Il existe quatre méthodes ou stratégies pour chercher de la jurisprudence à l'aide des instruments de recherche canadiens:

– à partir d'une loi ou d'un règlement (3.4.1)

– à partir du sujet (3.4.2)

– à partir d'un terme ou d'une locution (3.4.3)

– à partir des noms des parties (3.4.4)

3.4.1 <u>Trouver de la jurisprudence à partir d'une loi ou d'un règlement:</u>

1º Consultez d'abord:

Les CANADIAN STATUTE CITATIONS / RÉFÉRENCES LÉGISLATIVES CANADIENNES (C.S.C. / R.L.C.), aux volumes (gris) CANADA ou QUÉBEC

Remarque:
Cette collection ne comprend pas de références aux règlements

```
         - 1993

CANADIAN
STATUTE
CITATIONS /
RÉFÉRENCES
LÉGISLATIVES
CANADIENNES

vol. CANADA
    ou
 QUÉBEC

Recueil de jur.corr.
(texte intégral)
```

Le CANADIAN ABRIDGMENT est une collection de base de jurisprudence résumée et indexée, comprenant 66 volumes numérotés de R1 à R35, complétée par une collection de suppléments pour chacun des volumes, identifiés de R1Supp. à R35Supp.

À la collection de base s'ajoutent plusieurs séries d'index et de tables possédant chacune une fonction particulière et reconnaissables, pour la majorité d'entre elles, par des couleurs différentes.

- Ainsi, les CANADIAN STATUTES CITATIONS / RÉFÉRENCES LÉGISLATIVES CANADIENNES (C.S.C. / R.L.C.) servent au repérage de la jurisprudence à partir d'une loi. Depuis 1995, ils font l'objet d'une publication autonome.

- Le GENERAL INDEX constitue l'index analytique de la collection, pour le repérage de la jurisprudence à partir du sujet.

- Les WORDS & PHRASES servent au repérage de la jurisprudence qui définit ou interprète un mot ou une expression spécifique. Depuis 1994, ils font aussi l'objet d'une publication autonome.

- Le CONSOLIDATED TABLE OF CASES / TABLE GÉNÉRALE DE LA JURISPRUDENCE (C.T.C. / T.G.J.) sert au repérage de la jurisprudence à partir des noms des parties.

- Enfin, les CANADIAN CASE CITATIONS / RÉFÉRENCES JURISPRU-DENTIELLES CANADIENNES (C.C.C. / R.J.C.), qui font l'objet d'une publication autonome chez le même éditeur, servent au repérage de la jurisprudence citée.

Chacune de ces séries est complétée dans le temps par les fascicules courants:

- des CANADIAN STATUTE CITATIONS / RÉFÉRENCES LÉGISLA-TIVES CANADIENNES (C.S.C. / R.L.C.)

- des CANADIAN CASE CITATIONS / RÉFÉRENCES JURISPRUDEN-TIELLES CANADIENNES (C.C.C. / R.J.C.)

- ou encore du CANADIAN CURRENT LAW (C.C.L.).

Le CANADIAN CURRENT LAW (C.C.L.), comprend à lui seul trois fascicules publiés distinctement qui couvrent l'ensemble des index et des tables du CA-NADIAN ABRIDGMENT:

- Case Law Digests / Sommaires de la jurisprudence

- Legislation Annual / Annuaire de la législation
  et son supplément, Legislation / Législation

- Canadian Legal Literature / Documentation juridique au Canada.

Ceci en fait le complément parfait pour assurer la mise à jour de la collection de base et des suppléments.

Ces instruments de repérage sont des périodiques qui paraissent environ à tous les mois et qui prolongent la collection du CANADIAN ABRIDGEMENT en fournissant un complément des récentes décisions et publications.

Pour apprendre à «manier» le CANADIAN ABRIDGMENT, on trouvera avantage à consulter:

- *The Canadian Abridgment Key & Research Guide*, 2d ed., Toronto, Carswell, m. à j. pér., p. mul.
- BLACKBURN, R. & M. SILVERSTEIN, *Le Canadian Abridgment: Manuel didactique*, 2e éd., Toronto, Carswell, 1991, 206 p.
- *The Canadian Abridgment Bulletin* (publié périodiquement)

1994 -

CANADIAN STATUTE CITATIONS / RÉFÉRENCES LÉGISLATIVES CANADIENNES
- Supplement

Recueil de jur.corr.
(texte intégral)

2o   À partir de 1994, complétez avec:

Les CANADIAN STATUTE CITATIONS / RÉFÉRENCES LÉGISLATIVES CANADIENNES (C.S.C. / R.L.C.) – SUPPLEMENT

CANADIAN STATUTE CITATIONS / RÉFÉRENCES LÉGISLATIVES CANADIENNES

- Index trimestriel

Recueil de jur.corr.
(texte intégral)

3o   Poursuivre avec:

L'Index trimestriel le plus récent des CANADIAN STATUTE CITATIONS / RÉFÉRENCES LÉGISLATIVES CANADIENNES (C.S.C. / R.L.C.)

> **CANADIAN STATUTE CITATIONS / RÉFÉRENCES LÉGISLATIVES CANADIENNES**
>
> - Fascicules récents
>
> ---
>
> Recueil de jur.corr.
> (texte intégral)

4º **Terminez avec:**

La consultation des fascicules récents des CANADIAN STATUTE CITATIONS / RÉFÉRENCES LÉGISLATIVES CANADIENNES (C.S.C. / R.L.C.)

5º **Trouvez le jugement repéré dans:**

Le recueil de jurisprudence correspondant (pour le texte intégral)

Pour connaître la signification d'une abréviation propre à un recueil de jurisprudence, on peut consulter:

- la liste d'abréviations juridiques contenue au début de l'instrument de repérage consulté;
- la liste d'abréviations affichée dans la bibliothèque;
- un manuel de méthode de références juridiques;
- l'ouvrage de Didier LLUELLES, *Guide des références pour la rédaction juridique*, 5e éd., pp. 105-109.

Pour savoir ensuite où se trouve le recueil de jurisprudence dans la bibliothèque, consultez le catalogue collectif informatisé ou sur microfiches, en utilisant la méthode de recherche par TITRE (voir Technique 4.1.2). Trouvez ensuite le recueil de jurisprudence à la cote indiquée.

On peut aussi utiliser le répertoire sur microfiches «CACTUS» pour connaître les bibliothèques de droit qui possèdent l'abonnement au périodique recherché.

On peut aussi consulter:

Aº Le CANADA STATUTE CITATOR (R.S.C. 1985) (3 vol.)

Bº Diverses lois annotées:

- Canadian Charter of Rights Annotated

– Chartes des droits de la personne

– etc.

C° Pour les anciennes décisions de la Cour suprême du Canada:

L'INDEX TO SUPREME COURT CASES (2 vol.: 1923-1950 +1951-1962)
- À la section
  INDEX TO STATUTES AND CODES CITED OR DISCUSSED

3.4.2 <u>Trouver de la jurisprudence à partir du sujet (mots clés):</u>

CANADIAN ABRIDGMENT
Cartable **GENERAL INDEX**

SECTION : General Index

Vol. corr. de la coll. du C. A. ou
des Suppléments
ou
Recueil de jur. corr. (texte intégral)

1° **Consultez d'abord:**

La collection du CANADIAN ABRIDGMENT, au cartable GENERAL INDEX
- À la section
  GENERAL INDEX

CANADIAN CURRENT LAW - CASE LAW DIGESTS / SOMMAIRES DE LA JURISPRUDENCE
- Index trimestriel

SECTION : Cumulative Index

Fascicule corr. (sommaire)
ou
Recueil de jur. corr.(texte intégral)

2° **Continuez avec:**

L'Index trimestriel cumulatif le plus récent du CANADIAN CURRENT LAW (C.C.L.): CASE LAW DIGESTS / SOMMAIRES DE LA JURISPRUDENCE
- À la section
  CUMULATIVE INDEX

Remarque:
Seuls les fascicules portant les numéros 3, 6, 9 et 12 comprennent un Index trimestriel cumulatif

<table>
<tr><td>

CANADIAN CURRENT LAW - CASE LAW DIGESTS / SOMMAIRES DE LA JURISPRUDENCE
- Fascicules récents

SECTION : General Index

Fascicule corr. (sommaire)
ou
Recueil de jur. corr. (texte intégral)

</td></tr>
</table>

3º **Terminez avec:**

La consultation des fascicules récents du CANADIAN CURRENT LAW (C.C.L.): CASE LAW DIGESTS / SOMMAIRES DE LA JURISPRUDENCE

- À la section
  GENERAL INDEX

4º **Trouvez le jugement repéré dans:**

Le volume correspondant de la collection de base ou des Suppléments du CANADIAN ABRIDGMENT ou le fascicule correspondant du CANADIAN CURRENT LAW (pour le sommaire)
ou
le recueil de jurisprudence correspondant (pour le texte intégral)

On peut aussi consulter:

Aº Pour les anciennes décisions de la Cour suprême du Canada:

De 1876 à 1962:

- L'INDEX TO THE SUPREME COURT OF CANADA REPORTS (2 vol.)
  - À la section *CONSOLIDATED INDEX*

Après 1962:

- Les recueils des DÉCISIONS DE LA COUR SUPRÊME DU CANADA (R.C.S.)
  - À la section
    INDEX

- Les fascicules récents des R.C.S.
  - À la section
    INDEX

Remarque:
Certains fascicules seulement contiennent des tables. Ils sont identifiés à cette fin sur la page couverture.

Bº Pour les décisions de la Cour fédérale:

- La TABLE RÉCAPITULATIVE du RECUEIL DES ARRÊTS DE LA COUR FÉDÉRALE (1971-1992) (3 vol.)

– Les recueils des DÉCISIONS DE LA COUR FÉDÉRALE (C.F.) postérieurs à 1992

- À la section
  FICHES ANALYTIQUES

– Les fascicules récents des C.F.

- À la section
  FICHES ANALYTIQUES

Remarque:
Certains fascicules seulement contiennent des tables. Ils sont identifiés à cette fin sur la page couverture.

Cº   En droit administratif:

– Les ADMINISTRATIVE LAW REPORTS

– Les MUNICIPAL AND PLANNING LAW REPORTS

Dº   En droit de la famille:

– Les REPORTS OF FAMILY LAW

Eº   En droit de la faillite:

– Les CANADIAN BANKRUPTCY REPORTS (ANNOTATED) / RECUEIL DE JURISPRUDENCE CANADIENNE EN DROIT DE LA FAILLITE (avec Index consolidés)

Fº   En droit immobilier:

– Les REAL PROPERTY REPORTS

– Les CONSTRUCTION LAW REPORTS

Gº   En droit de l'environnement:

– Les CANADIAN ENVIRONMENTAL LAW REPORTS

– ENVIRONNEMENT ET DROIT

Hº   En droit du travail:

– Les CANADIAN CASES ON EMPLOYMENT LAW

Iο   Sur les droits de la personne:

- Le CANADIAN HUMAN RIGHTS REPORTER

- Le CANADIAN RIGHTS REPORTER

- Le CHARTER OF RIGHTS DECISIONS

Jο   En droit de la propriété intellectuelle:

- Les CANADIAN INTELLECTUAL PROPERTY REPORTS (jusqu'en 1990)

- Les CANADIAN PATENTS REPORTER (avec Index consolidés)

3.4.3 <u>Trouver de la jurisprudence à partir d'un terme ou d'une locution:</u>

Remarque préliminaire: Cette stratégie de recherche permet de repérer de la jurisprudence qui définit ou interprète un mot ou une expression spécifique

1ο   **Jusqu'en 1993, consultez:**

Les 8 volumes (bleus) des WORDS AND PHRASES

- 1993

WORDS AND PHRASES

Recueil de jur. corr. (texte intégral)

2ο   **Après 1993, continuez avec:**

Les WORDS AND PHRASES – SUPPLEMENT

1994 -

WORDS AND PHRASES SUPPLEMENT

Recueil de jur. corr. (texte intégral)

<table>
<tr><td>
**CANADIAN CURRENT LAW
- CASE LAW DIGESTS /
SOMMAIRES DE LA
JURISPRUDENCE**
- Fascicules récents

SECTION : Words and phrases /
Termes et locutions

Fascicule corr. (sommaire)
ou
Recueil de jur. corr. (texte intégral)
</td></tr>
</table>

3o **Terminez avec:**

La consultation des fascicules récents du CANADIAN CURRENT LAW (C.C.L.): CASE LAW DIGESTS / SOMMAIRES DE LA JURISPRUDENCE

- À la section
WORDS AND PHRASES / TERMES ET LOCUTIONS

4o **Trouvez ensuite le jugement repéré dans:**

Le fascicule du CANADIAN CURRENT LAW correspondant (pour le sommaire)
ou
le recueil de jurisprudence correspondant (pour le texte intégral)

On peut aussi consulter:

Ao 1o **Jusqu'en 1983:**

La collection du CANADIAN ABRIDGMENT, au volume (bourgogne) WORDS AND PHRASES (Revised)

2o **De 1984 à septembre 1993:**

La collection du CANADIAN ABRIDGMENT, au volume WORDS AND PHRASES SUPPLEMENT

Bo L'ENCYCLOPEDIA OF WORDS AND PHRASES – LEGAL MAXIMS CANADA, 4th ed. (3 vol.: 1825-1985 avec mise à jour) de Gerald D. Sanagan, publié par De Boo

**À PARTIR
DES NOMS
DES PARTIES**

D

3.4.4 <u>Trouver de la jurisprudence à partir des noms des parties:</u>

CANADIAN ABRIDGMENT
Vol. **CONSOLIDATED TABLE
OF CASES / TABLE
GÉNÉRALE DE LA
JURISPRUDENCE**
+
Supplément

Vol. corr. de la coll. du C.A. (sommaire)
ou
Recueil de jur. corr. (texte intégral)

1º **Consultez d'abord:**

La collection du CANADIAN ABRIDGMENT, aux volumes CONSOLIDATED TABLE OF CASES / TABLE GÉNÉRALE DE LA JURISPRUDENCE (C.T.C. / T.G.J.)

- Aux noms des parties

2º **Poursuivre avec:**

Le SUPPLÉMENT des CONSOLIDATED TABLE OF CASES / TABLE DE LA JURISPRUDENCE (C.T.C. / T.G.J.)

- Aux noms des parties

**CANADIAN CURRENT LAW
- CASE LAW DIGESTS /
SOMMAIRES DE LA
JURISPRUDENCE**
- Fascicules récents

SECTION : Table of cases /
Table de la jurisprudence

Fascicule corr. (sommaire)
ou
Recueil de jur. corr. (texte intégral)

3º **Terminez avec:**

La consultation des fascicules récents du CANADIAN CURRENT LAW (C.C.L.): CASE LAW DIGESTS / SOMMAIRES DE LA JURISPRUDENCE

- À la section
  TABLE OF CASES / TABLE DE LA JURISPRUDENCE

4º **Trouvez ensuite le jugement repéré dans:**

Le volume correspondant de la collection du CANADIAN ABRIDGMENT ou le fascicule correspondant du CANADIAN CURRENT LAW (pour le sommaire)
ou
le recueil de jurisprudence correspondant (pour le texte intégral)

TECHNIQUE DE REPÉRAGE   3.5

VÉRIFIER ET TROUVER L'APPEL D'UN
JUGEMENT À L'AIDE DES INSTRUMENTS
CANADIENS

TECHNIQUE DE REPÉRAGE DE L'APPEL D'UN JUGEMENT
VÉRIFIER ET TROUVER L'APPEL D'UN JUGEMENT

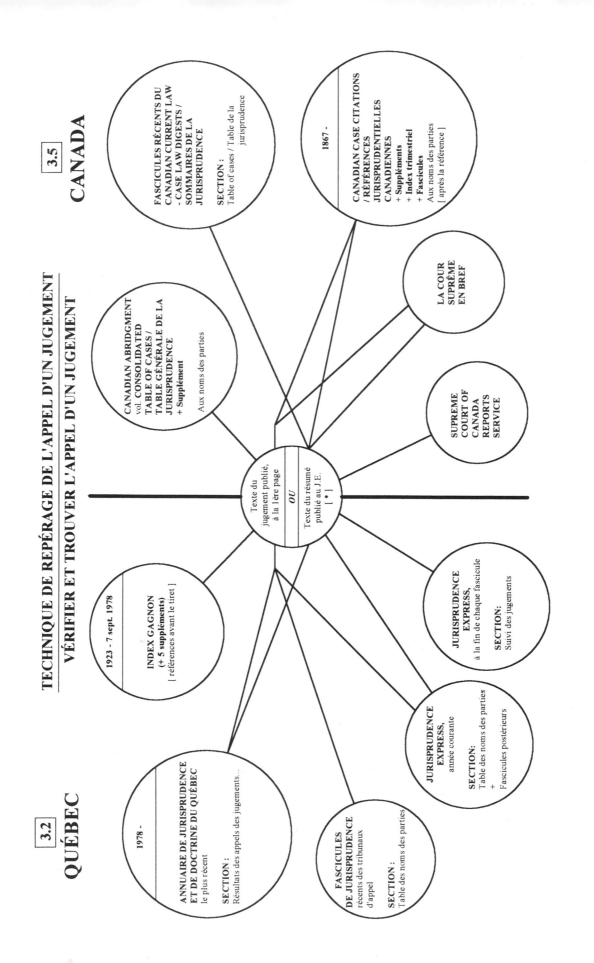

3.5
CANADA

FASCICULES RÉCENTS DU CANADIAN CURRENT LAW - CASE LAW DIGESTS / SOMMAIRES DE LA JURISPRUDENCE

SECTION :
Table of cases / Table de la jurisprudence

1867 -
CANADIAN CASE CITATIONS / RÉFÉRENCES JURISPRUDENTIELLES CANADIENNES
+ **Suppléments**
+ **Index trimestriel**
+ **Fascicules**
Aux noms des parties
[après la référence]

LA COUR SUPRÊME EN BREF

CANADIAN ABRIDGMENT vol. CONSOLIDATED TABLE OF CASES / TABLE GÉNÉRALE DE LA JURISPRUDENCE
+ **Supplément**
Aux noms des parties

SUPREME COURT OF CANADA REPORTS SERVICE

Texte du jugement publié, à la 1ère page
_OU_
Texte du résumé publié au J.E.
[*]

JURISPRUDENCE EXPRESS, à la fin de chaque fascicule
SECTION:
Suivi des jugements

1923 - 7 sept. 1978
INDEX GAGNON
(+ **5 suppléments**)
[références avant le tiret]

JURISPRUDENCE EXPRESS, année courante
SECTION:
Table des noms des parties
+
Fascicules postérieurs

3.2
QUÉBEC

1978 -
ANNUAIRE DE JURISPRUDENCE ET DE DOCTRINE DU QUÉBEC
le plus récent
SECTION :
Résultats des appels des jugements...

FASCICULES DE JURISPRUDENCE récents des tribunaux d'appel
SECTION :
Table des noms des parties

3.5 TECHNIQUE DE REPÉRAGE DE L'APPEL D'UN JUGEMENT À L'AIDE DES INSTRUMENTS CANADIENS

VÉRIFIER ET TROUVER L'APPEL D'UN JUGEMENT À L'AIDE DES INSTRUMENTS CANADIENS

Remarques préliminaires: Cette technique procède en deux étapes.

- Dans un premier temps, il convient de vérifier si le jugement a été porté en appel ou non.

- Dans l'affirmative, la seconde étape s'impose; vérifiez alors si le jugement du tribunal d'appel a été rendu et, le cas échéant, s'il a été publié.

Il est utile de rappeler que, contrairement aux techniques précédentes, la démarche proposée ne se veut pas linéaire, d'où la forme «éclatée» du Tableau 3.5. L'utilisateur peut donc consulter directement l'instrument de repérage qui correspond à la période à laquelle le jugement d'appel est susceptible d'avoir été rendu.

– <u>Première étape:</u>
<u>Vérifier si le jugement repéré a été porté en appel:</u>

1° **Consultez d'abord:**

Le texte du jugement publié, généralement à la première page. Il peut indiquer qu'il est porté en appel, soit à l'aide d'un astérisque suivant la désignation des parties, soit à l'aide d'une mention à cet effet.

– Seconde étape:
Vérifier si le jugement du tribunal d'appel a été rendu et trouver
sa publication:

1º **Consultez d'abord:**

CANADIAN ABRIDGMENT
vol. **CONSOLIDATED
TABLE OF CASES /
TABLE GÉNÉRALE DE LA
JURISPRUDENCE**
+ **Supplément**

Aux noms des parties

La collection du CANADIAN ABRIDGMENT, aux volumes CONSOLIDATED TABLE OF CASES / TABLE GÉNÉRALE DE LA JURISPRUDENCE (C.T.C. / T.G.J.)
+ le Supplément

- Aux noms des parties

2º **Terminez avec:**

FASCICULES RÉCENTS DU
CANADIAN CURRENT LAW
- CASE LAW DIGESTS /
SOMMAIRES DE LA
JURISPRUDENCE

SECTION :
Table of cases / Table de la
            jurisprudence

La consultation des fascicules récents du CANADIAN CURRENT LAW (C.C.L.): CASE LAW DIGESTS / SOMMAIRES DE LA JURISPRUDENCE

- À la section
  TABLE OF CASES / TABLE DE LA JURISPRUDENCE

On peut aussi consulter:

Aº 1º **De 1867 à l'année courante:**

1867 -

CANADIAN CASE CITATIONS
/ RÉFÉRENCES
JURISPRUDENTIELLES
CANADIENNES
+ **Suppléments**
+ **Index trimestriel**
+ **Fascicules**
Aux noms des parties
[apres la reference]

Les 10 volumes (rouges) des CANADIAN CASE CITATIONS / RÉFÉRENCES JURISPRUDENTIELLES CANADIENNES (C.C.C. / R.J.C.) + les 10 Suppléments

- Aux noms des parties (jugements **après** la référence)

Remarque:
Cet instrument n'est utile que pour un jugement qui a été cité.

2º **Complétez avec:**

L'index trimestriel le plus récent des CANADIAN CASE CITATIONS / RÉFÉRENCES JURISPRUDENTIELLES CANADIENNES (C.C.C. / R.J.C.)

- Aux noms des parties

3º **Terminez avec:**

La consultation des fascicules récents des CANADIAN CASE CITA-TIONS / RÉFÉRENCES JURISPRUDENTIELLES CANADIENNES (C.C.C. / R.J.C.)
- Aux noms des parties

Bº Les volumes et les fascicules récents des ALL-CANADA WEEKLY SUMMA-RIES (A.C.W.S.)
- À la section
  TABLE OF CASES

On peut aussi consulter, tant en première qu'en seconde étape:

Cº **Pour le repérage d'un appel à la Cour suprême du Canada:**

– LA COUR SUPRÊME EN BREF

– Le SUPREME COURT OF CANADA REPORTS SERVICE, publié par Butterworths (6 vol.), au volume CURRENT SERVICE

– Les textes intégraux disponibles au comptoir de la bibliothèque

Dº **Pour les décisions rapportées dans les CANADIAN CRIMINAL CASES (C.C.C.) ou les CRIMINAL REPORTS (C.R.):**

– L'INDEX, ANNOTATIONS, TABLE OF CASES des C.C.C.
- À la section
  ANNOTATIONS AND TABLE OF CASES

– Le CONSOLIDATED INDEX des C.R.
- À la section
  ANNOTATIONS

Eº   **Pour les décisions rapportées dans les DOMINION LAW REPORTS (D.L.R.):**

– L'ANNOTATION SERVICE ou L'INDEX, ANNOTATIONS AND TABLE OF CASES des D.L.R.

  • À la section
    ANNOTATIONS

TECHNIQUE DE REPÉRAGE 3.6

TROUVER DE LA JURISPRUDENCE CITÉE À L'AIDE DES INSTRUMENTS CANADIENS

3.6 TECHNIQUE DE REPÉRAGE DE LA JURISPRUDENCE CITÉE À L'AIDE DES INSTRUMENTS CANADIENS

TROUVER DE LA JURISPRUDENCE CITÉE À L'AIDE DES INSTRUMENTS CANADIENS

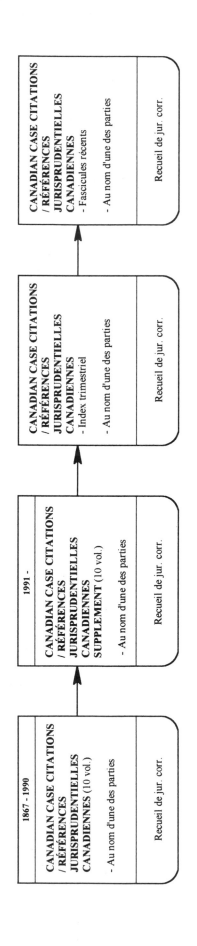

3.6 TECHNIQUE DE REPÉRAGE DE LA JURISPRUDENCE CITÉE À L'AIDE DES INSTRUMENTS CANADIENS

TROUVER DE LA JURISPRUDENCE CITÉE À L'AIDE DES INSTRUMENTS CANADIENS

Remarque préliminaire: Cette technique permet de vérifier l'autorité d'un jugement en repérant et en consultant d'autres jugements qui l'ont cité. Elle permet également de trouver d'autres décisions à partir de la connaissance d'un jugement rendu sur une matière.

1867 - 1990
CANADIAN CASE CITATIONS / RÉFÉRENCES JURISPRUDENTIELLES CANADIENNES (10 vol.)   - Au nom d'une des parties
Recueil de jur. corr.

1º **De 1867 à 1990, consultez:**

Les 10 volumes (rouges) des CANADIAN CASE CITATIONS / RÉFÉRENCES JURISPRUDENTIELLES CANADIENNES (C.C.C. / R.J.C.)

- Au nom d'une des parties

1991 -
CANADIAN CASE CITATIONS / RÉFÉRENCES JURISPRUDENTIELLES CANADIENNES SUPPLEMENT (10 vol.)   - Au nom d'une des parties
Recueil de jur. corr.

2º **À partir de 1991, poursuivre avec:**

Les 10 volumes (rouges) des CANADIAN CASE CITATIONS / RÉFÉRENCES JURISPRUDENTIELLES CANADIENNES (C.C.C. / R.J.C.) SUPPLEMENT

- Au nom d'une des parties

CANADIAN CASE CITATIONS / RÉFÉRENCES JURISPRUDENTIELLES CANADIENNES
- Index trimestriel

- Au nom d'une des parties

Recueil de jur. corr.

3o **Complétez avec:**

L'index trimestriel le plus récent des CANADIAN CASE CITATIONS / RÉFÉRENCES JURISPRUDENTIELLES CANADIENNES (C.C.C. / R.J.C.)

- Au nom d'une des parties

CANADIAN CASE CITATIONS / RÉFÉRENCES JURISPRUDENTIELLES CANADIENNES
- Fascicules récents

- Au nom d'une des parties

Recueil de jur. corr.

4o **Terminez avec:**

La consultation des fascicules récents des CANADIAN CASE CITATIONS / RÉFÉRENCES JURISPRUDENTIELLES CANADIENNES (C.C.C. / R.J.C.)

- Au nom d'une des parties

5o **Trouvez le(s) jugement(s) repéré(s) dans:**

Le recueil de jurisprudence correspondant

MODULE 4

LA DOCTRINE

TECHNIQUE DE REPÉRAGE   4.1

TROUVER UNE MONOGRAPHIE

TROUVER UNE MONOGRAPHIE

A

À PARTIR DU NOM DE L'AUTEUR

CATALOGUE COLLECTIF DE LA BIBLIOTHÈQUE
- informatisé
ou
- sur micro-fiches

Recherche par AUTEUR
ou
SECTION : AUTEURS
ou
AUTEURS-TITRES

OU

1981 - 1984

CANADIAN ABRIDGMENT vol. INDEX TO **CANADIAN LEGAL LITERATURE** (v. 3)

SECTION :
Author index

→

1985 -

CANADIAN ABRIDGMENT vol. INDEX TO **CANADIAN LEGAL LITERATURE**
ou
CANADIAN LEGAL LITERATURE / DOCUMENTATION JURIDIQUE AU CANADA
(volume par volume)

SECTION :
Author index / Index des auteurs

→

CANADIAN CURRENT LAW : **CANADIAN LEGAL LITERATURE / DOCUMENTATION JURIDIQUE AU CANADA**
- Fascicules récents

SECTION :
Author index / Index des auteurs

B

À PARTIR DU TITRE DE L'OUVRAGE

CATALOGUE COLLECTIF DE LA BIBLIOTHÈQUE
- informatisé
ou
- sur micro-fiches

Recherche par TITRE, MOT DU TITRE ou par MOTS CLÉS
ou
SECTION : TITRES
ou
AUTEURS-TITRES

C

À PARTIR DU SUJET

CATALOGUE COLLECTIF DE LA BIBLIOTHÈQUE
- informatisé
ou
- sur micro-fiches

Recherche par SUJET, MOT DU TITRE ou par MOTS CLÉS
ou
SECTION : SUJETS
ou
MATIÈRES (SUJETS)

OU

1937 -

ANNUAIRES DE JURISPRUDENCE (ET DE DOCTRINE) DU QUÉBEC
(annuel)

SECTION :
Index analytique

OU

1981 - 1984

CANADIAN ABRIDGMENT vol. INDEX TO **CANADIAN LEGAL LITERATURE**

SECTION :
Index to canadian legal literature (3 vol.)

→

1985 -

CANADIAN ABRIDGMENT vol. INDEX TO **CANADIAN LEGAL LITERATURE**
ou
CANADIAN LEGAL LITERATURE / DOCUMENTATION JURIDIQUE AU CANADA
(volume par volume)

SECTION :
Subject index / Index analytique

→

CANADIAN CURRENT LAW : **CANADIAN LEGAL LITERATURE / DOCUMENTATION JURIDIQUE AU CANADA**
- Fascicules récents

SECTION :
Subject index / Index analytique

4.1 TECHNIQUE DE REPÉRAGE D'UNE MONOGRAPHIE

TROUVER UNE MONOGRAPHIE

Prérequis: Avoir déterminé si le document recherché est une monographie ou un article de périodique

Remarque préliminaire: Il existe trois méthodes ou stratégies pour chercher une monographie:

- à partir du nom de l'auteur (4.1.1)
- à partir du titre de l'ouvrage (4.1.2)
- à partir du sujet (4.1.3)

4.1.1 <u>Trouver une monographie à partir du nom de l'auteur:</u>

CATALOGUE
COLLECTIF DE LA
BIBLIOTHÈQUE
- informatisé
  ou
- sur micro-fiches

Recherche par AUTEUR
ou
SECTION : AUTEURS
        ou
        AUTEURS-TITRES

Consultez d'abord:

Le Catalogue informatisé de la bibliothèque (ATRIUM, BADADUQ, MUSE, etc.)

- Demande de recherche par AUTEUR

Remarques:

Le catalogue informatisé des bibliothèques de l'Université de Montréal (ATRIUM) permet aussi d'utiliser le mode de recherche par MOTS CLÉS à partir du nom de l'auteur, lorsque l'auteur est une collectivité par exemple.

Celui du réseau de l'Université du Québec exige une demande de recherche par AUTEUR COLLECTIVITÉ lorsque la monographie recherchée est l'oeuvre d'un organisme ou d'une association (recherche no 2).

Le catalogue de l'Université McGill ne fait pas de distinction au sujet des organismes ou des collectivités. Utilisez la commande AUTHOR (a=   ).

Rappelez-vous que le catalogue informatisé ne donne accès qu'à des monographies ou à des titres de collection. Il est inutile d'y chercher des articles de périodique.

On peut aussi consulter:

A°   Le CATALOGUE COLLECTIF SUR MICROFICHES (COM) de la bibliothèque

- À la section
  AUTEURS
  ou *AUTEURS-TITRES*

Les noms inscrits sur chaque microfiche correspondent à la première et à la dernière inscriptions sur la microfiche en question.

À la fin de chaque microfiche, on trouve un index qui répertorie le contenu des cases.

B°   La BIBLIOGRAPHIE DU DROIT CANADIEN de Reynald Boult, nouvelle édition et son Supplément (jusqu'au 1er janvier 1980)

- À la section
  INDEX DES AUTEURS

1981 - 1984
CANADIAN ABRIDGMENT vol. **INDEX TO CANADIAN LEGAL LITERATURE** (v. 3)
SECTION : Author index

C° 1°   **De 1981 à 1984, consultez:**

La collection du CANADIAN ABRIDGMENT, au volume (noir) INDEX TO CANADIAN LEGAL LITERATURE (vol. 3)
- À la section
  AUTHOR INDEX

1985 -
CANADIAN ABRIDGMENT vol. **INDEX TO CANADIAN LEGAL LITERATURE** ou **CANADIAN LEGAL LITERATURE / DOCUMENTATION JURIDIQUE AU CANADA** (volume par volume) **SECTION :** Author index / Index des auteurs

2o   **À partir de 1985, continuez avec:**

La collection du CANADIAN ABRIDGMENT, aux volumes INDEX TO CANADIAN LEGAL LITERATURE
ou
INDEX TO CANADIAN LEGAL LITERATURE / INDEX À LA DOCUMENTATION JURIDIQUE AU CANADA (10 vol.), volume par volume

- À la section
  AUTHOR INDEX / INDEX DES AUTEURS

CANADIAN CURRENT LAW : CANADIAN LEGAL LITERATURE / DOCUMENTATION JURIDIQUE AU CANADA - Fascicules récents **SECTION :** Author index / Index des auteurs

3o   **Terminez avec:**

La consultation des fascicules récents du CANADIAN CURRENT LAW (C.C.L.): CANADIAN LEGAL LITERATURE / DOCUMENTATION JURIDIQUE AU CANADA

- À la section
  AUTHOR INDEX / INDEX DES AUTEURS

B À PARTIR DU TITRE DE L'OUVRAGE

4.1.2 <u>Trouver une monographie à partir du titre de l'ouvrage:</u>

CATALOGUE COLLECTIF DE LA BIBLIOTHÈQUE
- informatisé
  ou
- sur micro-fiches

Recherche par TITRE, MOT DU TITRE ou par MOTS CLÉS
ou
SECTION : TITRES
        ou
    AUTEURS-TITRES

Consultez d'abord:

Le Catalogue informatisé de la bibliothèque (ATRIUM, BADADUQ, MUSE, etc.)

- Demande de recherche par TITRE

Remarques:

Le catalogue informatisé des bibliothèques de l'Université de Montréal (ATRIUM) permet aussi d'utiliser le mode de recherche par MOTS CLÉS à partir d'un des éléments du titre.

Celui de l'Université du Québec offre la demande de recherche par MOT DU TITRE, lorsque le titre exact de l'ouvrage n'est pas connu (recherche no 4).

Celui de l'Université McGill obéit à la commande TITLE (t=   ). Il n'est pas impératif de connaître le titre au complet; les premiers mots suffisent.

On peut aussi consulter:

Le CATALOGUE COLLECTIF SUR MICROFICHES (COM) de la bibliothèque

- À la section
  TITRES
  ou *AUTEURS-TITRES*

4.1.3   <u>Trouver une monographie à partir du sujet:</u>

CATALOGUE
COLLECTIF DE LA
BIBLIOTHÈQUE
- informatisé
  ou
- sur micro-fiches

Recherche par SUJET,
MOT DU TITRE ou par
MOTS CLÉS
ou
SECTION : SUJETS
          ou
     MATIÈRES (SUJETS)

Consultez d'abord:

Le Catalogue informatisé de la bibliothèque (ATRIUM, BADADUQ, MUSE, etc.)

- Demande de recherche par SUJET ou par MOT DU TITRE ou par MOTS CLÉS (titre ou sujet)

Remarques:

Pour la demande de recherche par MOTS CLÉS dans ATRIUM, par KEYWORD dans MUSE ou par SUJET dans BADADUQ, le système informatisé ne répond qu'à 3 opérateurs logiques: ET, OU, SAUF (AND, OR, NOT). La présence d'autres articles, prépositions et adverbes (tels DE, LE, LA, AVEC) rend automatiquement la demande de recherche invalide.

Il est fortement conseillé de consulter attentivement le mode d'emploi du système utilisé **avant** de procéder à la demande de recherche. Chaque catalogue informatisé possède en effet sa propre logique opérationnelle et ses particularités.

On peut aussi consulter:

A°   La BIBLIOGRAPHIE DU DROIT CANADIEN de Reynald Boult, nouvelle édition et Supplément (jusqu'au 1er janvier 1980)

- À la section
  TABLE ANALYTIQUE DES MATIÈRES (au début)
  ou *TABLE ALPHABÉTIQUE DES MATIÈRES* (à la fin)

1937 -
ANNUAIRES DE JURISPRUDENCE (ET DE DOCTRINE) DU QUÉBEC (annuel)
SECTION : Index analytique

B° **De 1937 à l'année courante:**

Les ANNUAIRES DE JURISPRUDENCE (ET DE DOCTRINE) DU QUÉBEC, année après année

- À la section
  INDEX ANALYTIQUE
  ou *PLAN DES SOMMAIRES*

1981 - 1984
CANADIAN ABRIDGMENT vol. **INDEX TO CANADIAN LEGAL LITERATURE**
SECTION : Index to canadian legal literature (3 vol.)

C° 1° **De 1981 à 1984:**

La collection du CANADIAN ABRIDGMENT, aux 3 volumes (noirs) INDEX TO CANADIAN LEGAL LITERATURE

- À la section
  INDEX TO CANADIAN LEGAL LITERATURE

Remarque:

Il peut être utile de consulter d'abord la section *SUBJECT AUTHORITIES*

1985 -
CANADIAN ABRIDGMENT vol. **INDEX TO CANADIAN LEGAL LITERATURE** ou **CANADIAN LEGAL LITERATURE / DOCUMENTATION JURIDIQUE AU CANADA** (volume par volume)
SECTION : Subject index / Index analytique

2° **À partir de 1985, complétez avec:**

La collection du CANADIAN ABRIDGMENT, aux volumes INDEX TO CANADIAN LEGAL LITERATURE
ou
INDEX TO CANADIAN LEGAL LITERATURE / INDEX À LA DOCUMENTATION JURIDIQUE AU CANADA (10 vol.), volume par volume

- À la section
  SUBJECT INDEX / INDEX ANALYTIQUE

> **CANADIAN CURRENT LAW : CANADIAN LEGAL LITERATURE / DOCUMENTATION JURIDIQUE AU CANADA**
> - Fascicules récents
>
> **SECTION :**
> Subject index /
> Index analytique

3o **Terminez avec:**

La consultation des fascicules récents du CANADIAN CURRENT LAW : CANADIAN LEGAL LITERATURE / DOCUMENTATION JURIDIQUE AU CANADA

- À la section
  SUBJECT INDEX / INDEX ANALYTIQUE

Do Documents bibliographiques spécialisés:

- Bibliographie sur l'aide juridique

- Bibliographie sur la rédaction et l'interprétation des textes législatifs

- Bibliographie sur la promotion des intérêts des consommateurs

- Bibliographie sur la protection de l'environnement

- etc.

Remarque:

Ces documents peuvent être repérés à partir du TITRE ou du SUJET, soit dans le Catalogue informatisé de la bibliothèque, soit dans le Catalogue collectif sur microfiches (COM)

Eo Recueils spécialisés:

- Le BULLETIN DE DROIT IMMOBILIER

- Le RECUEIL EN DROIT IMMOBILIER (R.D.I.)

- Le RECUEIL EN DROIT DE LA FAMILLE (R.D.F.)

- Le RECUEIL EN RESPONSABILITÉ ET ASSURANCE (R.R.A.)

- Le RÉPERTOIRE DE JURISPRUDENCE ET DE DOCTRINE

- Le RÉPERTOIRE DE DROIT de la Chambre des notaires

- Les CODES CIVILS ANNOTÉS

- etc.

TECHNIQUE DE REPÉRAGE   4.2

TROUVER UN ARTICLE DE PÉRIODIQUE

4.2 TECHNIQUE DE REPÉRAGE D'UN ARTICLE DE PÉRIODIQUE

TROUVER UN ARTICLE DE PÉRIODIQUE

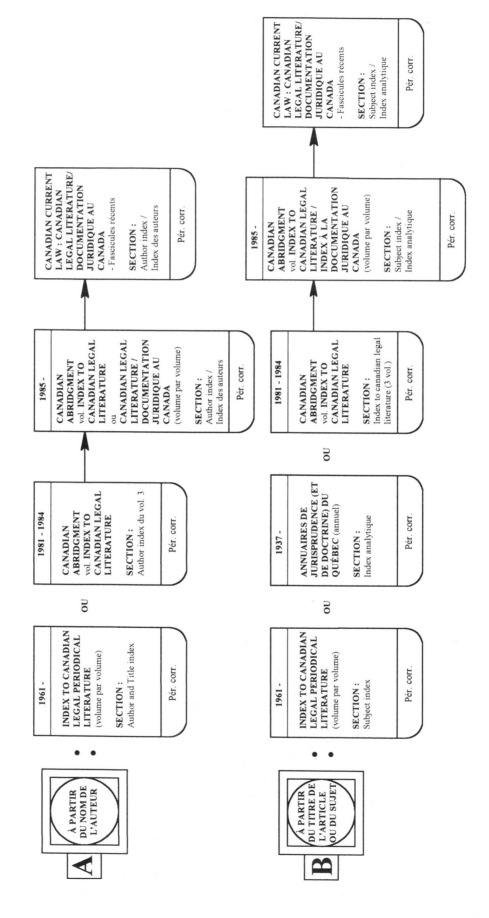

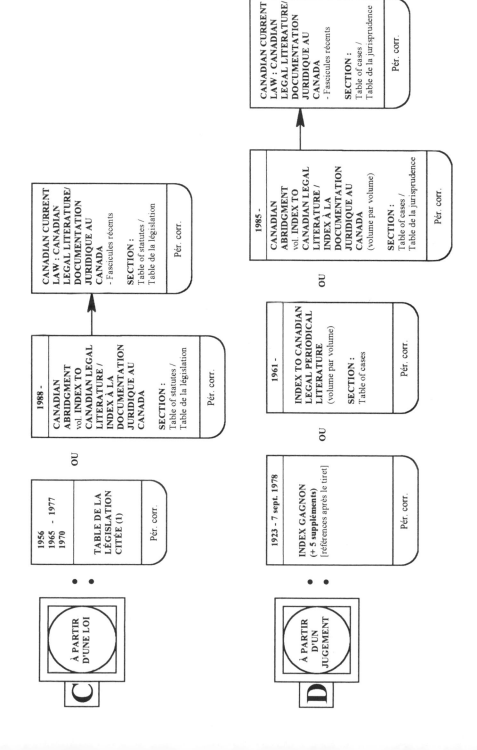

C

À PARTIR D'UNE LOI

| 1956 - 1977
1965
1970
TABLE DE LA
LÉGISLATION
CITÉE (1)
Pér. corr. |

OU

| 1988 -
CANADIAN
ABRIDGMENT
vol. INDEX TO
CANADIAN LEGAL
LITERATURE /
INDEX À LA
DOCUMENTATION
JURIDIQUE AU
CANADA
SECTION :
Table of statutes /
Table de la législation
Pér. corr. |

| CANADIAN CURRENT
LAW : CANADIAN
LEGAL LITERATURE/
DOCUMENTATION
JURIDIQUE AU
CANADA
- Fascicules récents
SECTION :
Table of statutes /
Table de la législation
Pér. corr. |

D

À PARTIR D'UN JUGEMENT

| 1923 - 7 sept. 1978
INDEX GAGNON
(+ 5 suppléments)
[références après le tiret]
Pér. corr. |

OU

| 1961 -
INDEX TO CANADIAN
LEGAL PERIODICAL
LITERATURE
(volume par volume)
SECTION :
Table of cases
Pér. corr. |

OU

| 1985 -
CANADIAN
ABRIDGMENT
vol. INDEX TO
CANADIAN LEGAL
LITERATURE /
INDEX À LA
DOCUMENTATION
JURIDIQUE AU
CANADA
(volume par volume)
SECTION :
Table of cases /
Table de la jurisprudence
Pér. corr. |

| CANADIAN CURRENT
LAW : CANADIAN
LEGAL LITERATURE/
DOCUMENTATION
JURIDIQUE AU
CANADA
- Fascicules récents
SECTION :
Table of cases /
Table de la jurisprudence
Pér. corr. |

4.2   TECHNIQUE DE REPÉRAGE D'UN ARTICLE DE PÉRIODIQUE

TROUVER UN ARTICLE DE PÉRIODIQUE

Prérequis: Avoir déterminé si le document recherché est une monographie ou un article de périodique.

Remarques préliminaires: Pour repérer un article paru dans un ouvrage collectif, cherchez cet ouvrage en utilisant la technique de repérage d'une monographie (4.1). Consultez ensuite la table des matières pour trouver l'article recherché. Plusieurs instruments permettent également le repérage de ces articles au même titre que les articles de revues.

Dans les catalogues de la bibliothèque (informatisé ou sur microfiches), on ne trouve que des monographies ou des titres de collection. Il est donc inutile d'y chercher des articles de périodiques.

Il existe quatre méthodes ou stratégies pour chercher un article de périodique:

– à partir du nom de l'auteur (4.2.1)

– à partir du titre de l'article ou du sujet (4.2.2)

– à partir d'une loi (4.2.3)

– à partir d'un jugement (commentaire d'arrêt) (4.2.4)

4.2.1 <u>Trouver un article de périodique à partir du nom de l'auteur:</u>

1961 -

INDEX TO CANADIAN LEGAL PERIODICAL LITERATURE
(volume par volume)

SECTION :
Author and Title index

Pér. corr.

1º   **De 1961 à l'année courante, consultez:**

L'INDEX TO CANADIAN LEGAL PERIODICAL LITERATURE, volume par volume

- À la section
  AUTHOR AND TITLE INDEX

L'INDEX a fait l'objet de 4 refontes: 1961-1970

1971-1975

1976-1980

1981-1985 (2 vol.)

Après 1985, la consultation se fait avec les volumes annuels.

Pour l'année courante, un index trimestriel cumulatif est publié trois fois l'an (janvier-mars; janvier-juin; janvier-septembre).

2o   **Trouvez ensuite l'article repéré dans:**

Le périodique correspondant, à l'année, au volume et à la page indiqués

---

Pour connaître la signification d'une abréviation propre à un périodique, on peut consulter:

- la liste d'abréviations juridiques contenue au début de l'instrument de repérage consulté;
- la liste d'abréviations affichée dans la bibliothèque;
- un manuel de méthode de références juridiques;
- l'ouvrage de Didier LLUELLES, *Guide des références pour la rédaction juridique*, 5e éd., pp. 110-111.

Pour savoir ensuite où se trouve le périodique dans la bibliothèque, consultez le catalogue collectif informatisé ou sur microfiches, au moyen de la méthode de recherche par TITRE (voir Technique 4.1.2). Prenez soin d'utiliser le **titre exact** du périodique. Trouvez ensuite le périodique à la cote indiquée.

On peut enfin utiliser le répertoire sur microfiches «CACTUS» pour connaître les bibliothèques de droit qui possèdent l'abonnement au périodique recherché.

On peut aussi consulter:

Ao   La BIBLIOGRAPHIE DU DROIT CANADIEN de Reynald Boult, nouvelle édition
et son Supplément (jusqu'au 1er janvier 1980)

- À la section
  INDEX DES AUTEURS

1981 - 1984
CANADIAN ABRIDGMENT vol. **INDEX TO CANADIAN LEGAL LITERATURE**   **SECTION :**   Author index du vol. 3
Pér. corr.

B° 1° **De 1981 à 1984:**

La collection du CANADIAN ABRIDGMENT, au volume (noir) INDEX TO CANADIAN LEGAL LITERATURE (vol. 3)

- À la section
  AUTHOR INDEX

1985 -
CANADIAN ABRIDGMENT vol. **INDEX TO CANADIAN LEGAL LITERATURE** ou **CANADIAN LEGAL LITERATURE / DOCUMENTATION JURIDIQUE AU CANADA** (volume par volume)   **SECTION :**   Author index /   Index des auteurs
Pér. corr.

2° **À partir de 1985, continuez avec:**

La collection du CANADIAN ABRIDGMENT, aux volumes INDEX TO CANADIAN LEGAL LITERATURE
ou
INDEX TO CANADIAN LEGAL LITERATURE / INDEX À LA DOCU-MENTATION JURIDIQUE AU CANADA (10 vol.), volume par volume

- À la section
  AUTHOR INDEX / INDEX DES AUTEURS

CANADIAN CURRENT LAW : CANADIAN LEGAL LITERATURE/ DOCUMENTATION JURIDIQUE AU CANADA - Fascicules récents   **SECTION :**   Author index /   Index des auteurs
Pér. corr.

3° **Terminez avec:**

La consultation des fascicules récents du CANADIAN CURRENT LAW (C.C.L.): CANADIAN LEGAL LITERATURE / DOCUMENTATION JU-RIDIQUE AU CANADA

- À la section
  AUTHOR INDEX / INDEX DES AUTEURS

4° **Trouvez ensuite l'article repéré dans:**

Le périodique correspondant, à l'année, au volume et à la page indiqués

4.2.2 <u>**Trouver un article de périodique à partir du titre de l'article ou du sujet:**</u>

1961 -
INDEX TO CANADIAN LEGAL PERIODICAL LITERATURE (volume par volume) **SECTION :** Subject index
Pér. corr.

1º **De 1961 à l'année courante, consultez:**

L'INDEX TO CANADIAN LEGAL PERIODICAL LITERATURE, volume par volume

- À la section
  SUBJECT INDEX

2º **Trouvez ensuite l'article repéré dans:**

Le périodique correspondant, à l'année, au volume et à la page indiqués

On peut aussi consulter:

Aº La BIBLIOGRAPHIE DU DROIT CANADIEN de Reynald Boult, nouvelle édition
et son Supplément (jusqu'au 1er janvier 1980)

- À la section
  TABLE ANALYTIQUE DES MATIÈRES (au début)
  ou *TABLE ALPHABÉTIQUE DES MATIÈRES* (à la fin)

1937 -
ANNUAIRES DE JURISPRUDENCE (ET DE DOCTRINE) DU QUÉBEC (annuel) **SECTION :** Index analytique
Pér. corr.

Bº **De 1937 à l'année courante:**

Les ANNUAIRES DE JURISPRUDENCE (ET DE DOCTRINE) DU QUÉBEC, année après année

- À la section
  INDEX ANALYTIQUE
  ou *PLAN DES SOMMAIRES*

1981 - 1984
CANADIAN ABRIDGMENT vol. **INDEX TO CANADIAN LEGAL LITERATURE**
SECTION : Index to canadian legal literature (3 vol.)
Pér. corr.

Cᵒ **1ᵒ** **De 1981 à 1984:**

La collection du CANADIAN ABRIDGMENT, aux volumes (noirs) IN-DEX TO CANADIAN LEGAL LITERATURE

- À la section
  INDEX TO CANADIAN LEGAL LITERATURE

Remarque:

Il peut être utile de consulter d'abord la section *SUBJECT AUTHORITIES*

1985 -
CANADIAN ABRIDGMENT vol. **INDEX TO CANADIAN LEGAL LITERATURE / INDEX À LA DOCUMENTATION JURIDIQUE AU CANADA** (volume par volume)
SECTION : Subject index / Index analytique
Pér. corr.

2ᵒ **À partir de 1985, complétez avec:**

La collection du CANADIAN ABRIDGMENT, aux volumes INDEX TO CANADIAN LEGAL LITERATURE
ou
INDEX TO CANADIAN LEGAL LITERATURE / INDEX À LA DOCU-MENTATION JURIDIQUE AU CANADA (9 vol.), volume par volume

- À la section
  SUBJECT INDEX / INDEX ANALYTIQUE

CANADIAN CURRENT LAW : CANADIAN LEGAL LITERATURE/ DOCUMENTATION JURIDIQUE AU CANADA - Fascicules récents
SECTION : Subject index / Index analytique
Pér. corr.

3ᵒ **Terminez avec:**

La consultation des fascicules récents du CANADIAN CURRENT LAW (C.C.L.): CANADIAN LEGAL LITERATURE / DOCUMENTATION JU-RIDIQUE AU CANADA

- À la section
  SUBJECT INDEX / INDEX ANALYTIQUE

4ᵒ **Trouvez ensuite l'article repéré dans:**

Le périodique correspondant, à l'année, au volume et à la page indiqués

D°   Documents bibliographiques spécialisés:

Voir Technique 4.1.3 D°

E°   Recueils spécialisés:

Voir Technique 4.1.3 E°

Dans tous les cas, il est avantageux de consulter la table des matières des périodiques récents qui se trouvent dans la section des périodiques courants de la bibliothèque ou, à défaut, à la réserve. En raison de leur parution récente, ces articles ne sont généralement pas encore répertoriés dans les index.

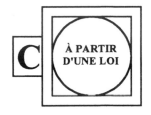

4.2.3   <u>Trouver un article de périodique à partir d'une loi:</u>

1°   **De 1956, 1965 ou 1970 (selon la loi concernée) à 1977, consultez d'abord:**

La TABLE DE LA LÉGISLATION CITÉE

Remarque: Il s'agit d'un instrument non exhaustif qui ne saurait remplacer une recherche systématique dans les ANNUAIRES DE JURIS-PRUDENCE, année après année. Il offre uniquement, à l'occasion, une mince sélection d'articles de revue.

2°   **Trouvez ensuite l'article repéré dans:**

Le périodique correspondant, à l'année, au volume et à la page indiqués

On peut aussi consulter:

A° 1°   **De 1985 à 1987:**

La collection du CANADIAN ABRIDGMENT, aux volumes INDEX TO CANADIAN LEGAL LITERATURE / INDEX À LA DOCUMENTATION JURIDIQUE AU CANADA

- À la section
  SUBJECT INDEX / INDEX ANALYTIQUE, à la rubrique *QUÉBEC* ou *CANADA*, au titre de la loi concernée

Remarque:

Avant cette date, il faut chercher à partir du sujet, en utilisant les mots clés du titre de la loi.

2°   **À partir de 1988:**

La collection du CANADIAN ABRIDGMENT, aux volumes INDEX TO CANADIAN LEGAL LITERATURE
ou
INDEX TO CANADIAN LEGAL LITERATURE / INDEX À LA DOCU-MENTATION JURIDIQUE AU CANADA (10 vol.), volume par volume

- À la section
  TABLE OF STATUTES / TABLE DE LA LÉGISLATION

1988 -

CANADIAN ABRIDGMENT vol. **INDEX TO CANADIAN LEGAL LITERATURE / INDEX À LA DOCUMENTATION JURIDIQUE AU CANADA**

SECTION :
Table of statutes /
Table de la législation

Pér. corr.

CANADIAN CURRENT LAW : CANADIAN LEGAL LITERATURE/ DOCUMENTATION JURIDIQUE AU CANADA
- Fascicules récents

SECTION :
Table of statutes /
Table de la législation

Pér. corr.

3°   **Complétez avec:**

La consultation des fascicules récents du CANADIAN CURRENT LAW (C.C.L.): CANADIAN LEGAL LITERATURE / DOCUMENTATION JU-RIDIQUE AU CANADA

- À la section
  TABLE OF STATUTES / TABLE DE LA LÉGISLATION

4°   **Trouvez ensuite l'article repéré dans:**

Le périodique correspondant, à l'année, au volume et à la page indiqués

B°   Diverses lois annotées:

Voir Techniques 3.1.1 A° et 3.4.1 B°

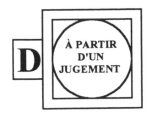

4.2.4 <u>Trouver un article de périodique à partir d'un jugement (commentaire d'arrêt):</u>

1923 - 7 sept. 1978
INDEX GAGNON **(+ 5 suppléments)** [références après le tiret]
Pér. corr.

1o De 1923 au 7 septembre 1978, consultez:

L'INDEX GAGNON et ses 5 suppléments (références **après** le tiret)

Remarque:

Cet instrument n'est utile que pour les jugements qui ont été cités.

2o Trouvez ensuite l'article repéré dans:

Le périodique correspondant, à l'année, au volume et à la page indiqués

On peut aussi consulter:

1961 -
INDEX TO CANADIAN **LEGAL PERIODICAL** **LITERATURE** (volume par volume) **SECTION :** Table of cases
Pér. corr.

Ao De 1961 à l'année courante:

L'INDEX TO CANADIAN LEGAL PERIODICAL LITERATURE, volume par volume

- À la section
  TABLE OF CASES

1985 -
CANADIAN ABRIDGMENT vol. **INDEX TO CANADIAN LEGAL LITERATURE / INDEX À LA DOCUMENTATION JURIDIQUE AU CANADA** (volume par volume)
SECTION : Table of cases / Table de la jurisprudence
Pér. corr.

B° 1° **De 1985 à l'année courante:**

La collection du CANADIAN ABRIDGMENT, aux volumes INDEX TO CANADIAN LEGAL LITERATURE
ou
INDEX TO CANADIAN LEGAL LITERATURE / INDEX À LA DOCUMENTATION JURIDIQUE AU CANADA (10 vol.), volume par volume

- À la section
  TABLE OF CASES / TABLE DE LA JURISPRUDENCE

CANADIAN CURRENT LAW : CANADIAN LEGAL LITERATURE/ DOCUMENTATION JURIDIQUE AU CANADA - Fascicules récents
SECTION : Table of cases / Table de la jurisprudence
Pér. corr.

2° **Complétez avec:**

La consultation des fascicules récents du CANADIAN CURRENT LAW (C.C.L.): CANADIAN LEGAL LITERATURE / DOCUMENTATION JURIDIQUE AU CANADA

- À la section
  TABLE OF CASES / TABLE DE LA JURISPRUDENCE

3° **Trouvez ensuite l'article repéré dans:**

Le périodique correspondant, à l'année, au volume et à la page indiqués

RAPPEL:

Pour connaître la signification d'une abréviation propre à un périodique, on peut consulter:

- la liste d'abréviations juridiques contenue au début de l'instrument de repérage consulté;

- la liste d'abréviations affichée dans la bibliothèque;

- un manuel de méthode de références juridiques;

- l'ouvrage de Didier LLUELLES, *Guide des références pour la rédaction juridique*, pp. 110-111.

Pour savoir ensuite où se trouve le périodique dans la bibliothèque, consultez le catalogue collectif informatisé ou sur microfiches, au moyen de la méthode de recherche par TITRE (voir Technique 4.1.2). Prenez soin d'utiliser le **titre exact** du périodique. Trouvez ensuite le périodique à la cote indiquée.

On peut enfin utiliser le répertoire sur microfiches «CACTUS» pour connaître les bibliothèques de droit qui possèdent l'abonnement au périodique recherché.

BIBLIOGRAPHIE

BANKS, M.A. & K. FOTI, *Banks on Using a Law Library — A Canadian Guide to Legal Research*, 6th ed., Scarborough (Ont.), Carswell, 1994, 334 p.

CASTEL, J. & O. LATCHMAN, *The Practical Guide to Canadian Legal Research*, Scarborough (Ont.), Carswell, 1993, 199 p.

LALONDE, F., *Juri-Métho*, Montréal, Éditions Thémis, 1994, p. mul.

LE MAY, D. et D. GOUBAU, *La recherche documentaire en droit*, Montréal, Wilson & Lafleur, 1995, 250 p.

LLUELLES, D., *Guide des références pour la rédaction juridique*, 5e éd., Montréal, Éditions Thémis, 1995, 140 p.

MacELLVEN, D.T., *Legal Research Handbook*, 3rd ed., Toronto, Butterworths, 1993, 407 p.

REVUE DE DROIT DE McGILL, *Manuel canadien de la référence juridique*, 3e éd., Scarborough (Ont.), Carswell, 1992, 169 p. (fr.), 165 p. (ang.)

SINCLAIR, M.J.T., *La mise à jour des lois et règlements à travers le Canada*, 3e éd., Ottawa, Conseil canadien de la documentation juridique, 1989, 65 p.

TANCELIN, M. et D. SHELTON, *Des institutions — Branches et sources du droit*, 2e éd., Montréal, Adage, 1991, 303 p.

TURP, D. et J. LEAVY, *Sources et méthodologie du droit québécois et canadien — Notes et documents*, 2e éd., Montréal, Éditions Thémis, 1983, 588 p.

YOGIS, J. & I. CHRISTIE, *Legal Writing and Research Manual*, 4th ed. by M. IOSIPESCU, Toronto, Butterworths, 1994, 284 p.

INDEX ANALYTIQUE

• Cap-Saint-Ignace
• Sainte-Marie (Beauce)
Québec, Canada
1995

«L'IMPRIMEUR»